中共安溪党史人物

（新民主主义革命时期）

中共安溪县委党史和地方志研究室　编

海峡出版发行集团｜海峡文艺出版社

图书在版编目（CIP）数据

中共安溪党史人物. 新民主主义革命时期/中共安溪县委党史和地方志研究室编. — 福州：海峡文艺出版社，2023.8
ISBN 978-7-5550-3341-7

Ⅰ.①中… Ⅱ.①中… Ⅲ.①中国共产党—历史人物—列传—安溪县 Ⅳ.①K820.857.4

中国国家版本馆 CIP 数据核字（2023）第 091871 号

中共安溪党史人物（新民主主义革命时期）

中共安溪县委党史和地方志研究室　编

出 版 人	林　滨	
责任编辑	蓝铃松	
出版发行	海峡文艺出版社	
经　　销	福建新华发行（集团）有限责任公司	
社　　址	福州市东水路 76 号 14 层	
发 行 部	0591—87536797	
印　　刷	福州力人彩印有限公司	
厂　　址	福州市晋安区新店镇健康村西庄 580 号 9 栋	
开　　本	720 毫米×1010 毫米　1/16	
字　　数	150 千字	
印　　张	11.5	
版　　次	2023 年 8 月第 1 版	
印　　次	2023 年 8 月第 1 次印刷	
书　　号	ISBN 978-7-5550-3341-7	
定　　价	78.00 元	

如发现印装质量问题，请寄承印厂调换

前　言

　　安溪是著名的革命老区，被视同为原中央苏区县。从1927中国共产党开始在安溪进行革命活动至新中国成立的二十多年岁月里，安溪人民在中国共产党的领导下，前仆后继，英勇斗争，谱写了一部光辉的红色篇章。

　　沧海横流，方显英雄本色。在中国共产党发展史上，安溪涌现出众多优秀共产党员。如：矢志不移探索革命真理、寻求革命道路，在安溪较早播下革命火种的归侨青年郭节；大智大勇、令敌闻风丧胆的陈凤伍；两赴刑场、忠魂震慑人心的傅有智；铁骨铮铮、一生转战于安南同边区的林水芸；永爱中华志不渝、95岁高龄方入党的庄希泉；在周恩来直接领导下长期投身革命工作的陈乃昌；谱写出抗战名歌《延安颂》歌词的"红色才女"莫耶……在安溪这片红色土地上，革命先辈蔡协民、许依华、许包野、尹利东、方毅、彭德清、张克辉等都曾在安溪战斗过。他们在任何艰难险阻面前，都能始终保持不怕困难、敢于斗争的豪迈气概。

　　革命战争时期的枪林弹雨虽已远去，但革命先辈们视死如归、大义凛然的革命精神永存，薪火相传，生生不息。习近平总书记指出，老区、苏区的红土地孕育了革命，也孕育了革命老前辈，为中国人民的解放事业作出了巨大的贡献，忘记了这些，就是忘本。革命先辈们的丰功伟绩，历史不会忘记，人民不会忘记。可歌可泣的革命精神在革命时期是推动革命取得胜利的重要法宝，也同样是推动改革开放和现代化建设取得胜利的重要精神力量。

由安溪县委史志研究室整理编写的《中共安溪党史人物（新民主主义革命时期）》，收录安溪籍和在安溪战斗过的党史人物75名。这些革命先辈为革命和建设做出不同形式的贡献，也为安溪增辉添彩。《中共安溪党史人物（新民主主义革命时期）》的出版，将是开展党史、新中国史、改革开放史和社会主义发展史、中华民族发展史教育的生动地方教材。

述往思来，向史而新。当前，安溪正处于跨越发展的历史新阶段，《中共安溪党史人物（新民主主义革命时期）》的出版，目的在于进一步弘扬革命精神，牢记革命历史，缅怀先辈业绩，继承革命传统，激励全县人民特别是青年一代坚定理想信念，积极投身安溪的改革开放和现代化建设事业，把红色精神化为推动各项事业发展的强大动力，为全面建设具有茶乡特色的现代化中等城市贡献力量！

中共安溪县委党史和地方志研究室

2023年6月

目　录

四　画

五　画

六　画

七　画

八　画

九　画

十　画

十一画

四画

王村生
（1911—1935年）

王村生，化名王山舟，福建省安溪县长卿镇大坪村（现长卿镇文坪村）人。从小入私塾读书，安溪长坑创办崇德中学附属小学，王村生即转入附小求学，于1927年春毕业。同年秋，升入崇德中学。他平素爱读书看报，关心民族、国家兴亡大事，当看到报上发表纪念"五卅惨案"的文章时，王村生愤慨地对同学说："中国被帝国主义欺凌了，这是侮辱我们民族、国家啊！"他经常和同学们谈论时事政治，抨击黑暗的社会制度。之后，王村生往厦门集美学校求学，在党组织培养下，参加革命活动。不久受党组织的指派，他到漳州师范学校边学习，边搞学运。因参加革命活动的笔记本被校长发觉并向敌人披露，他不幸被绥靖司令部以"共党嫌疑"逮捕了。后在漳州经营茶叶的同乡帮助下给予保释。1928年秋，王村生转入泉州乡村师范学习，1930年往泉州郊外湖州小学任教。

1930年8月，王村生与同文斋印刷所职工密谈时，被跟踪的便衣队发觉，他躲进花巷口大中华书店后被捕。入狱时，他趁警察不备，机智地将一密件塞入椅缝中。提审时，他面不改色，坚不吐实。在其被营救出狱后，党组织派他到家乡长坑，调查了解青年的思想动向，并向青年宣传革命理论。

1931 年，王村生带两位青年返回泉州工作。同年冬，他率领地下工作同志到市郊破坏国民党的交通桥梁。并召集武装人员数十名，袭击国民党驻军营地。

1932 年 4 月，因团泉州特支书记彭德清奉中共厦门中心市委之命往晋（江）南（安）筹建晋南县委，王村生担任团泉州特支书记，他深入工厂、学校、商店及乡村，向工人、农民宣传革命真理，并从中发展党、团员和互济会会员，发展反帝大同盟群众组织。

1934 年初，因革命工作的需要，王村生以教员身份作掩护，负责安插、掩护同志的联络工作。他曾联系晋江的柴坂、圹头 2 个乡的有识之士，筹办 2 所小学。

1935 年春，王村生任晋南游击队政治部主任。同年 9 月 20 日晚，敌人兵分数路包围晋南游击队，在战斗中，游击队队员机智果断，得以安全突围。不久反动派又调集 200 余人，于 10 月 3 日晚分三路包围了游击队驻地。队长尤大斧、副队长王美以及王村生等 10 多人与敌浴血奋战，突破包围圈，尤大斧、王村生、王美等 5 人隐蔽在南安溪美镇西坪村榕桥梧坝石洞里。

1935 年 10 月 6 日，因叛徒告密，王村生被敌人残忍杀害，殉难时年仅 24 岁。

王安居

（1912—1935年）

　　王安居，安溪县官桥镇五里埔洪塘村人。集美中学初中部39组肄业。在校时就参加党的外围组织——反帝大同盟。回乡后，在五里埔、坑内等地教书。1934年11月入党。1935年3月任安同南特支委员，兼共青团安同南特支书记。7月，在同安梧峰战斗中，足受重伤，不能走动，回坑内养伤近月。后因我武装撤走，敌人和叛徒到处搜捕，无法立足，才回到家乡洪塘村。他刚抵家就被反革命分子发觉并告密，反动区长王金瑞、民团长林敬芳立即率警丁二三十人包围王家，9月28日，王安居不幸被捕。

　　1935年10月5日，王安居在龙门圩尾埔英勇就义，时年24岁。

王朝阳

（1917—1977年）

王朝阳，福建省安溪县参内镇坪殊村人。1946年9月，李淑英和施能鹤介绍王朝阳加入中国共产党，并成立安溪坪殊临时党支部，由王朝阳任支部代理书记。

1947年3月，王朝阳在山门的安南边区工委工作时，为接应安海暴动的武装队员，他带领游击队伍到镇东，遭到敌人围击。突围后，他带施能鹤、李淑英、高景春、郑秀治4人计划转移到芸美。途中分为两路，施能鹤与受伤的郑秀治一路，不幸在途中被捕。为安全起见，王朝阳带其他二人走山路到芸美。在去约定地点与施能鹤联系时，他发觉情况可疑，立即返回山上，并巧妙摆脱敌人追踪回到镇东，在地下群众的掩护下，隐蔽了一个多月。随后他将二人化妆成农村妇女，由其妻妹安全护送到南安诗山脱离险境。

1947年5月，闽中地下党准备开辟戴云山游击根据地，游击队经过南安石水缸村时，与反动军队展开一场激战，打垮敌军一个连。部队转移后，伤员留在当地治疗，其中有中队长俞洪庆，还有两个班长，由王朝阳负责掩护。王朝阳深感责任重大，决心尽一切力量保护好伤员。他先把伤员藏在山沟洞穴里，躲过敌人的搜山，然后设法与地下群众取得联系，为伤员搞到粮食和药品。尽管敌人搜查甚紧，情况危急，但是在地下群众的帮助下，王朝阳带领伤员在敌人的眼皮底下捉迷藏，先后转移多处地方，隐蔽50多天。伤员治愈后，他又护送他们安全出境到晋江安海。

1947年9月，王朝阳与其弟王水法一起被派往中共南同边区工作，任区委委员。1948年5月，区委书记陈火把被捕，王朝阳接任书记，并计划武装营救陈火把，未果。9月，陈火把被国民党反动派杀害。面对敌人的残暴，他化悲愤为力量，更加努力工作。他积极发展党组织，大力开辟新区，壮大革命队伍，发动群众开展"五抗"运动，组织革命武装打击敌特和地方反动武装，使革命的烈火在南同边区熊熊燃烧。至1948年底，全区发展了5个党支部，活动范围遍及新圩、五显、马巷、大冒山、大嶝、水头和石井等地。

1949年1月28日晚，王朝阳在南安水头遭敌人伏击。被捕后，他作为"共党"嫌犯被押解到泉州监狱。在这生死紧要关头，他临危不惧，严守党的机密，在狱中以假口供对付敌人的刑讯和利诱，始终没暴露身份，同时地下党组织通过统战工作设法保护，所以他只被判刑而未遭杀害。1949年8月，闽中游击队攻占泉州，他和狱中的难友一起砸开牢门，冲出监狱，与闽中游击队会合。随后，他参加安海会师，并于1949年8月至10月到南安县任县委委员。

1949年10月，为协助解放军解放和接管金门，彻底打败国民党反动派，泉州地委成立金门工作队，王朝阳任工作队队长。1950年4月金门工作队撤销，调安溪工作，任中共安溪县委委员。6月任县农会筹委会主任，11月任县农民协会主任。1951年7月任安溪县第一届各界人民代表会议第五次会议副主任委员。8月任安溪县法院法庭副庭长。1952年5月兼任安溪县供销合作总社社长。11月任安溪县人民政府副县长。1956年5月任中共安溪县委常委、副书记；9月任县委第二书记。11月任政协安溪县第一届委员会副主席。同年12月至1957年9月任安溪县人民政府县长。1960年调任永春天湖山建委交通处处长。1961年任中共永春县委常委、书记处书记；8月任永春县农村工作部部长。1963 年 1 月任中共永春县委常委、副书记；5 月任中共永春县委代书记；同年 2 月至 1968 年 5 月兼任永春县编制委员会主任。1964 年至 1968 年 5 月历任永春县人武部党委会书记，政协永春县第四、五届委员会主席，中共永春县委书记。1965 年 3 月至 1966 年 5 月兼任永春县人武部第一政委。1972 年 6 月起先后任同安县革委会副主任、中共同安县委常委。1975 年 3 月至 1977 年 7 月任中共厦门市郊区委员会书记、郊区革委会主任，兼中共厦门市委常委。

1977 年 7 月逝世。

王水法

（1928—1987年）

王水法，福建省安溪县参内镇坪殊村人。1946年9月26日由施能鹤、李淑英两位同志介绍加入中国共产党。

1947年2月，闽中地下党干部李淑英、施能鹤到永春县开展工作，王水法跟他们一起转至永春县，在南安县和永春县工委之间任交通员。

1947年9月，王水法与其兄王朝阳一起，被中共安溪中心县委派往中共南同边区工作，任区工委委员。他们上任后，积极配合区委书记陈火把工作，深入发动群众，开展反"三征"活动，军事上不断袭击伪政权，使南同边区的斗争形势得到较大的发展。1948年5月，区委书记陈火把被捕，9月被国民党反动派杀害。王朝阳接任区委书记，王水法任区委宣委。

为打击敌人的嚣张气焰，党组织决定除掉长期敌视我党、指证陈火把致使其被抓的延平乡伪副乡长李顺耀。这次行动主要由王水法一个人单独执行。1948年农历七月十七日，在南安水头延平乡的十班官，正值当地百姓做"普渡"，演大班戏等活动之际。王水法巧妙地利用当时的环境，悄悄地接近正在聚众赌博的国民党延平乡干事、副乡长李顺耀，拿出事先准备好的"大曲七"手枪，对准李顺耀开了一枪。可是手枪没有响。由于那时正在演戏，人很多，响声很大，没人听清楚。

面对这个突发情况，王水法没有慌张，他果断地退出来，拿掉臭弹，重新装上子弹，毫不犹豫地再度进去。这一次一枪命中，当场击毙伪副乡长李顺耀。随后王水法便在群众的掩护下迅速撤离现场，圆满完成任务。

1948年9月，为扫除敌人福夏路的通讯联络，王朝阳、王水法、李开通带领第一、二、五、六支部的部分精干以及武工队，到水头湖内收缴敌特机关的一部收发报机。在这次行动中，为预防不测，王水法独自带一挺机关枪坚守在往山前的路口，保证整个行动的顺利进行。

王朝阳于1949年1月28日被捕，王水法代理区工委书记主持全局工作。当时南同边区第四支部仙景村被国民党反动军警先后围剿3次，王水法亲自到此蹲点，发动群众开展革命活动。王水法在关键时刻起了骨干领导作用，带领群众与伪军对峙，妇女们利用自身能言善辩的优势与敌争辩，使敌人乱成一团无法行动，而王水法则化装成上山劳动的村妇潜出包围圈。通过这些措施，成功地化解了敌人的围剿。

此后，王水法还安排区工委委员吴清池在水头地区带领第五、六支部全体党员、部分群众积极攻打水头镇公所，他亲自领导区工委委员黄河东、李开通、卓进口、吴水凉等同志发动第一、二、三、四等支部的部分党员和群众攻打延平乡公所。这时候的南同（火把）区工委有较大的收获：国民党在大营、水头、石井、延平等地的伪乡镇公所、契征处等单位被我军打垮，其他多个单位也随之瓦解；收缴国民党长短枪数十支、电话机数部，烧毁田粮赋，打开粮仓分给群众数百担粮食，革命群众得了实惠；极大地鼓舞了群众反"三征"的热潮，这些行动影响了安海、水头、石井、莲河、同安马巷、大营、官桥等地区，使敌伪人员闻风丧胆。

1949年5月，吴治奸被上级组织调到中共火把区工委任书记，王水法被派往南安边区开展新区工作。

中华人民共和国成立后，王水法曾任南安县大队一中队政治指导员、福建军区警备五团二营五连政治指导员、福建军区警备五团二营大尉副政治教导员等职。

1987年病逝。

王江岚

（1921—1987年）

王江岚，福建省安溪县长卿镇人。早年其父及兄弟3人被匪首王连山杀害，为替父亲、兄弟报仇，到国民党政府做事，曾任乡长、镇长、区长，积极参加剿匪。1946年冬，因不满国民党反动统治，被通缉。1948年7月，在长坑参加共产党领导的革命活动。

1949年2月，王江岚任安漳华解放委员会主任，为保管谷仓、筹备军粮、收集枪支、掩护党员干部、开展革命斗争等做了大量工作。5月，任安溪人民游击大队副大队长，参加第一次解放安溪县城的战斗。6月8日，中国人民解放军闽粤赣边区纵队第八支队第四团成立，王江岚为第一副团长。随后，他参与领导攻占大田、德化、漳平、华安等县，迎接解放大军南下的战斗。9月，八支队第四团与大军会师后，他被调到华东军政大学福建分校干训队受训，而后任晋江军分区司令部管理参谋。

1952年，王江岚转业到公路部门工作后，曾任福建省人民政府工程局第三十工程队队长、交通部公路总局第三工程处劳工科副科长、省公路局第一工程队队长、省交通工程管理局第三工程处工程科副科长、省公路局建筑工程队队长等职，率领施工队转战闽赣、广西和云、贵、川等省。1982年9月加入中国共产党。1984年11月离职休养。

1987年9月因病去世。

王新整

（1918—2008年）

王新整，又名钟炎，别名犁夫，福建省安溪县西坪镇南岩村人。早年就读乡村私塾，后到厦门读小学、中学，1937年，转读集美中学。1942年9月，就读于福建建阳暨南大学。1945年7月，加入中国共产党。

1946年3月，王新整从暨南大学工商管理系毕业，在安溪中学任教。9月，到同安中学任教务主任，建立中共同安中学支部，发展党员。1947年7月，任中共同安中学支部书记。10月，在同安两次被国民党逮捕入狱。1948年初，被转往晋江监狱关押，6月28日经中共泉州中心县委组织劫狱获救。9月，往香港任中共泉厦临时工委委员、安南同临时工委书记。11月，从香港返回安溪龙门，发动群众反"三征"（征兵、征税、征粮）。12月，到西坪、三洋、龙涓、长坑一带筹建县、乡解放委员会，开展统一战线工作，安插外来中共党员、干部，发动群众，组织农民武装，开辟安（溪）、永（春）、德（化）游击区。1949年2月后，历任中共安永德临时工委负责人，中共安溪中心县委常委、组织部长，安溪人民游击大队政治部主任，中共漳平县工委书记，中国人民解放军闽粤赣边区纵队第八支队第四团第五营（漳平）教导员。

1949年10月20日，中华人民共和国成立后，王新整任安溪县人民政府县长。此后，历任中共厦门大学委员会委员、福建师范大学历史系副主任、中共福建省委组织部地下党落实政策办公室副主任等职。1984 年 6 月离休，享受副厅级待遇。

2008 年 1 月 5 日，王新整在福州病逝。

方　毅

（1916—1997年）

方毅，又名方清吉、方静吉，1916年出生于福建省厦门市。少年时期就接受进步思想，追求革命真理，信仰共产主义。1930年1月加入中国共产主义青年团，翌年转为中国共产党党员。曾任厦门、漳州共青团支部书记、区委书记，共青团厦门中心区委书记、市委宣传部长、市委书记。

1933年9月，时任共青团厦门中心市委宣传部长的方毅到安南永德巡视。1934年2月再次到安溪巡视，主持召开"吕厝垅会议"，传达中央关于第五次反"围剿"的指示精神，指示安南永德苏区军民要主动出击，配合中央红军反"围剿"斗争。

1934年底，方毅赴上海接受党的工作任务时被捕，在国民党狱中受尽酷刑，始终没有暴露党的地下组织，最后被判重刑，打入死牢，一直带着沉重的脚镣，多次和难友进行绝食斗争，表现了共产党人铮铮铁骨的崇高气节。

1937年8月经中共中央营救出狱后，方毅先后担任中共湖北省委常委、民运部长，鄂东特委书记。1939年2月起历任鄂豫皖区党委委员、中共苏皖省委委员、津浦路东临时前敌委员会书记、新四军第五支队政治部主任。1940年3月后历任皖东津浦路东省委书记，津浦路东联防办事处副主任、主任，淮南苏皖区党委委员，淮南苏皖区行政公署主任。1945年10月后历任苏皖区政府副主席，中共中央华中分局委员，华东财政经济办事处副主任，山东省人民政府副主席。

1949年8月至1952年2月，方毅历任福建省人民政府副主席，中共福建省委常委、省委第二副书记，主要负责财政经济工作。1952年3月起，先后任中共上海市委常委，上海市人民政府副市长、党组副书记、书记，兼任市财政经济工作委员会书记、市财政经济委员会主任，主管全市的财政经济和综合计划等工作。1953年9月调任中央财政部副部长。1954年8月，应越南民主共和国政府的邀请，受党中央派遣到越南帮助工作，1956年任中国驻越南经济代表处代表。1961年奉命调回国后至1967年，历任国家计划委员会副主任兼对外经济联络总局局长、党组书记，对外经济联络委员会主任、党组书记。

1976年后，方毅历任中国科学院副院长、院长、党组书记，国家科委主任、党组书记，国务院副总理，国务委员，第十一届中央政治局委员、中央书记处书记，第十二届中央政治局委员。1988年后任全国政协副主席，1992年任全国政协党组副书记，主持政协工作。曾当选中共第八、九届中央委员会候补委员，第十、十一、十二届中央委员。

1997年10月17日在北京逝世。

尹利东

（1908—1984年）

尹利东，又名尹林平，江西省兴国县人。1927年参加赤卫队，1930年参加中国工农红军，1931年加入中国共产党。历任赤卫队长，红军独立第三团副团长、团长，中国工农红军闽南游击队第二支队支队长，中共安溪中心县委常委、军事部长等职。

1934年1月，尹利东从厦门到安（溪）南（安）永（春）苏区，利用"闽变"后的有利时机，加紧发动群众扩大武装，实行土地改革，发展苏区生产，促进安（溪）南（安）永（春）游击根据地发展壮大。中央红军长征后，尹利东率领红二支队转战安（溪）南（安）永（春）德（化）和晋南，坚持艰苦卓绝的三年游击战争。1935年10月，形势恶化，尹利东转入厦门，1936年7月任中共厦门市工委书记。抗日战争时期，历任中共南方临时工作委员会委员、军事部长，中共广东省委员会常委，广东军政委员会书记，东江特委书记、游击队政委，中共广东临时省委书记，东江纵队政委等职。解放战争时期，历任中共广东区委书记，香港分局副书记，华南分局副书记兼粤赣湘边区党委书记，边纵司令员兼政委等职。

中华人民共和国成立后，尹利东历任中南军政委员，华南军区党委常委，广东省军区第二政委，中共广东省委常委、副省长，省委组织部长、书记处书记，广东省政协副主席、党组书记，中共广东省委书记等职。中共八大和十二大代表，一届、五届全国人大代表，第五届全国政协常委。

　　1984年病逝。

五画

石德明

（1931—1949年）

石德明，原名王永炉，福建省同安县城关镇大横街人。生于一户老船工之家。1945年秋，进入同安中学读书，勤奋好学，成绩优良。他性格内向，思考多于言论，善于团结同学。1947年5月，在同安中学加入中共闽西南地下党。1948年秋，又升入集美高中。历任党小组长、支部委员、区工委书记和安南同县工委委员（专门负责同安工作）。1947年冬，同安中学地下党遭受破坏时，石德明处变不乱，带领地下党领导陈华夫妇越溪入其旧屋子隐蔽，积极参与营救入狱的谢雨田同志。在极其困难艰险的处境中，毅然挑起领导重任。

1949年春，石德明进入安溪游击区。他依靠各地原同安中学地下党员，并和从侨师、厦大、集美各校来同安的地下党、团员，广泛联系，密切合作。他广泛开展统战工作，狠抓武装斗争，亲自组建美峰武工队和后溪武工队，改建新圩武工队。5月，配合安溪的武装斗争，在榜头打退了由林斯卿带领的同安县自卫队的清乡。次日，又发动围攻灌口镇公所、警察所的战斗。6月，以武工队基本群众为骨干，并争取刘水桶等三股反蒋地方武装，组建了120多人的同龙海游击大队。继后又敦促王杰和王小佻弃暗投明，率部投诚。从此，结束了角尾、东孚、灌口一带长期不安定的局面。会师后，石德明又挑起繁重的后勤支前领导工作。9月19日，参与解放同安县城。后来又奉命带领解放军先头部队进入厦门前沿侦察敌情和了解地形，准备解放厦门。

1949 年 9 月 29 日，由于小通讯员李琴擦枪走火，子弹穿透板壁，打中石德明，当场死亡，时年 19 岁。

叶 忠

（1920—1940年）

叶忠，原名叶茉莉，福建省南安人。1933年参加革命，是安南永德红色区域的儿童团长，被称为红色少年家。1934年加入中国共产主义青年团。

1936年，叶忠跟随红二支队政委彭德清转战晋（江）南（安）同（安）。直至同年8月，在同安坚持斗争的彭德清曾两度派他返回安溪城厢恢复组织，但因环境恶劣，恢复未能如愿。他又跟随李刚坚持革命，在晋江白埕、南安官桥一带活动。

1938年5月，叶忠加入中国共产党，8月调任中共泉州中心县委委员。1939年受中共泉州中心县委委派，在南安官桥以梅岭为中心恢复和发展养正中学、南星中学、官桥、白埕等基层党组织，10月任中共官桥（梅岭）区委书记，11月任中共泉州中心县委组织委员。

1940年4月参与组织领导"泉州抢米斗争"，9月11日在晋江执行筹款任务中被捕入狱，12月12日被国民党反动派杀害于泉州南校场。

叶文霸

（1921—1943年）

叶文霸，又名叶长青，福建省安溪县参内镇人。1921年生于缅甸仰光，叶文霸15岁时与父亲叶元霄回到厦门定居。1937年，抗日战争全面爆发，叶文霸又与父母回到祖籍地安溪县参内镇。

为寻求救国真理，叶文霸进入当时内迁安溪的集美学校读书。其时党组织派侯如海、洪遂明等在学生中组织抗日同盟，团结教育进步青年，在党的教育培养下，叶文霸爱国思想进一步升华，他与同班进步同学积极参加抗日救亡活动，并于1940年秋加入中国共产党。1941年2月，闽中特委在集美学校建立党支部。同年7月，中共泉州中心县委派李友梅带领叶文霸、陈焕瑞到晋江开辟新区。他们在晋江科任村开展革命活动，建立党支部，叶文霸担任支部宣传委员。

1943年4月，中共闽中特委决定全面贯彻"隐蔽精干"的方针，实行特派员制。叶文霸为安南边区特派员。他往返于晋江、南安以及安溪的参内、仙苑、龙门、科名等地，还与集美学校党员洪遂明密切配合，以学校图书馆为阵地，向学生传播马列主义，开展抗日救亡活动。

在艰难的斗争环境中，叶文霸十分关心党的思想和组织建设。1941年10月，经过考察培养，他在内迁诗山的集美学校高中部吸收王毅林（王孔雀）入党。1943年4月，他又与李淑英一起在南安九都道潭发展 4 名农民船工入党，先后帮助成立并领导中共集美高中 17 组支部、码头高山支部、九都道潭支部。同时，他还在家乡参山小学吸收叶信生、叶金瑞入党。他经常教育新党员要加强政治学习，密切联系群众，引导穷苦民众投身革命。由于他积极开展工作，安南地区党组织得到进一步发展。

1943 年 8 月 4 日，叶文霸与洪遂明吸收周虎入党。次日，叶文霸执行传送党的机要文件的任务，从安溪县城西街步行到祥云渡时，突然发现缉私盐警设卡搜查过路行人，他被拦住了。他身上携带毛主席起草的《质问国民党》电文稿和周虎入党志愿书。此时脱身已不可能，情况非常紧急。叶文霸急中生智，把文件和志愿书揉成纸团，往嘴里塞，准备吞入腹中，以免落入敌人之手。警察见状猛扑过来，用手紧紧卡住叶文霸的喉头，把纸团从他嘴里抠出来。敌人如获至宝，当场逮捕叶文霸，送往安溪县国民党警察局，投入监狱。在狱中，叶文霸受尽各种酷刑，面对敌人的威逼利诱，为保守党的机密，保护革命同志的安全，他坚贞不屈，同敌人展开斗争，表现出一位共产党员的高尚情操和革命战士的英雄气概。

在安溪被关押一个多月后，叶文霸被作为政治犯押解到三元县（现三明市）梅列集中营。国民党反动派妄图从叶文霸口中得到共产党在闽南地区的组织及活动情况，继续在他身上狠下毒手，对其施行惨无人道的酷刑，但他矢志不渝，最后被秘密杀害，牺牲时年仅 22 岁。中华人民共和国成立后，安溪县人民政府在他的家乡参山村修建了叶文霸烈士墓。

叶森玉

（1926—1989年）

叶森玉，江西省鄱阳县人。1947年2月在厦门大学法学院经济系学习期间，与蔡重明共同创办《钟士》墙报，宣传进步思想，推动厦门大学爱国民主学生运动。同月，加入中国共产党。7月任厦门大学支部宣传委员。11月，厦门党组织遭破坏。12月，叶森玉离厦赴香港，设法争取中共中央香港分局帮助，以恢复与上级党组织的联系。1948年6月，在香港九龙香岛中学成立中共泉厦临工委，叶森玉为组织委员。随后受泉厦临工委委托，回厦门建立中共厦门市临工委。主持改选厦门大学支部和侨师支部，并建立了集美学校支部。同时，还派遣一批党员去台湾，恢复台湾党组织的活动。

1948年9月，由于七八月间派遣林岗、王瑛找闽南地委，走后无消息。叶森玉亲自去上海找苏北解放区的关系。之后，接到泉厦临工委关于准备开辟闽南游击根据地，要他回到厦门做干部准备和训练工作的通知，他在上海设立联络站，回到厦门。10月，叶森玉在厦门宣传解放战争的大好形势，准备开辟游击区进行武装斗争。

1949年春节，叶森玉和蔡重明到安溪蓝溪中学同泉厦临工委委员王新整会合。会上，成立3人小组，将泉厦临工委的工作重心转移到安溪游击区。会后，叶森玉回厦门安排抽调党员干部分批到安溪玉湖和永春坑仔口一带。2月，叶森玉往玉湖王江岚家，负责接待陆续调来的干部，分配他们的工作。3月，叶森玉任中共安漳华区工委书记。4月18日，成立中共安溪中心县委以代替泉厦临工委，叶森玉任组织部副部长。4月20日，叶森玉到南靖闽南地委机关汇报闽西南白区党重新整顿组织，叶森玉在农村开展武装斗争的情况，得到地委的肯定和好评。5月1日成立安溪人民游击大队，叶森玉任政治部副主任。5月上旬，正式成立中共安溪中心县委，叶森玉为组织部长。6月8日成立中国人民解放军闽粤赣边纵队第八支条四团（简称八支四团），任团政治部主任。7月被任命为中共安溪中心县委执委、常委兼组织部长。

中华人民共和国成立后，叶森玉先后任龙溪地委城市工委会常委、团龙溪工委宣传部长、地委土改工作队队长。后调任省航海专科学校党支部书记、办公室主任，厦门大学党委委员，大连海运学院政教室副主任、办公室副主任，厦门大学马列主义教研室教员。1964年起，为厦门大学南洋研究室研究员。1985年5月离休。

1989年8月病逝。

丘 九

（1911—1933年）

丘九，原名邱祥霞，广西防城县东兴镇人。1925年考进广州知用中学半工半读，在恽代英的指导和启发下，逐步接受马克思主义，参加了省港大罢工等革命活动，经受考验，加入中国共产主义青年团，不久转为中共党员，组织根据他的年龄和才干分配他从事学运工作，从此他更名为丘九。

1926年春，丘九奉命到钦廉地区开展工作，组织防城县青年运动委员会，发展党团组织，并深入农村开展青年运动。

1927年1月，中共东兴支部建立后，为培养青年骨干，丘九带来10多名党、团员骨干和进步学生奔赴广州，到农民运动讲习所学习，为开展更大规模的革命运动做好准备。国民党右派发动"四一二"反革命政变后，广州风云突变。在危急关头，党组织派丘九到市郊陈村作共青团的负责人，收容失散的青年同志，恢复和建立基层党团组织。1928年1月，党组织派丘九带领东兴的共产党员转回防城开展斗争，在防城成立中共东兴党支部。同年4月，中共南路特委成立，丘九负责宣传工作。年底，调广东省交通机关工作。1929年1月被捕，经组织营救出狱后，被送苏联学习。1929年冬回国，被派往上海的团中央工作，负责大学的学生运动。1930年，丘九曾接替刘少奇在沈阳的工作，得到好评。

1931年底，丘九受中央委派，从上海到厦门巡视工作。设在厦门的中共福建省委机关遭到破坏后，1932年8月，丘九在厦门领导民产公司、汽车公司的欠薪斗争和《时代日报》的反对开除工人的斗争，都取得胜利。与此同时，他还组织在工人和学校中恢复和建立团支部，协助党组织恢复厦门文化协会。1932年底，他动员漳州汽车、海员工人不给国民党运兵和武器弹药，并配合党组织在财力物力上支援苏区，支援红军，同时动员工人、农民和社会各阶层群众到漳州、安溪参加红军和游击队。丘九领导漳州、安溪团的工作取得相当的成绩。

1933年春，丘九任中共厦门中心市委常委、宣传部长。为加强对安溪的工作指导，厦门中心市委派丘九到安溪巡视。4月14日，丘九到安溪的当天，就抓紧召开会议，传达中心市委对安溪工作的指示。为了安全，晚间会议转移到蓬莱新垵继续进行。会议进行不久，发现敌情。丘九身先士卒冲下山拼杀，不幸中弹牺牲。

白佑启

（1921—1999年）

白佑启，福建省安溪县龙门镇和平村人，侨眷，其兄是华侨。1935年，在中共安南同特委宣委和龙门特支书记林师柴的领导下，14岁的他就参加了儿童团，参与印刷传单，张贴传单和标语等活动。

抗日战争时期，张连创办"半斋读书会"，组织青年人阅读进步书籍，开展抗日救亡活动，组织抗日救亡剧团。白佑启参加养正小学剧团，在龙门的三厅、榜头、科榜和五里埔等地，演出"平型关大捷"等抗日节目。

1939年，白佑启进入集美学校学习。初中毕业后，根据党组织的安排，任宫兜国民学校校长，安排进步群众林文伟等当教员。后来宫兜保改选保长，他当选兼任保长。1943年2月，根据党组织安排，他辞去校长、保长职务，重进集美高级水产学校学习。

1944年夏，为防日军进攻安溪，党组织决定加强武装力量，由镇长李志扬向县政府备案，成立"抗日警备大队"，李志扬任大队长，林文芳任副大队长，张连任政治部主任，白佑启任宫兜、山美两个中队的指导员。全大队500多人，成为地下党控制的武装力量。

1945年4月，白佑启加入中国共产党，并受党委派任宫兜保保长及宫兜、龙山小学校长。1946年9月任龙山小学党支部书记。

1947年10月，成立中共安南同县工委，下设翔云区和10个党支部，白佑启任龙门中心小学党支部书记。

12月5日，因叛徒出卖，安南同县工委书记林金狮和组委林泗泰被捕。林文芳即安排受牵连较大的白玉坤、白佑启等6人撤离赴沪。白玉坤因家贫又借不到路费，后来林文芳考虑到白佑启牵连问题不大，可在家乡隐蔽，白佑启即将借到的路费转给白玉坤赴沪找张连。

白佑启先后参加解放龙榜镇公所、官桥镇、安溪县城、南安英都、翔云等战斗。

1949年5月18日，安溪中心县委在翔云召开安南同县工委扩大会，调整部分领导成员，增设3个区委，白佑启为县工委委员兼榜头区委书记。他在县工委领导下，带领游击队与敌人作英勇的斗争，击退敌人的多次进攻，直至最后胜利。

中华人民共和国成立后，白佑启先后担任安溪县官桥区副区长；安溪县委秘书；安溪县委宣传部副部长，统战部副部长、部长；安溪县直机关党委副书记；县人民委员会党组成员、副县长；县政协第二届、第三届副主席等职务。1985年7月离休。

1999年12月，白佑启在安溪逝世。

白宗兰

（1921—2004年）

白宗兰，福建省安溪县龙门人，1921年生于印尼泗水。1930年，9岁的他回到家乡安溪县龙门镇龙门村，童年时期在龙门小学读书。1935年春，厦门中心市委在龙门成立中共龙门特别支部，由龙门小学校长林师柴担任龙门特别支部书记，在学校和农村发展党团员和儿童团。1935年，白宗兰由林师柴介绍，读小学时就参加了红军儿童团。

1937年抗日战争全面爆发后，他就投身抗日救亡活动。1938年冬，林成茂、林降祥从上海回来，与老党员林水芸和进步青年白宗兰、林清辉等5人，在龙门三角潭开会，成立"5人核心小组"（后称党的同情小组），林成茂为组长，团结进步知识青年，积极开展抗日救亡运动，白宗兰负责联络和指导青年学生和教师工作。

1938年1月，在党的同情小组领导下，林降祥、张连、白宗兰等人，发起组织两个抗日救亡剧团，在龙门和官桥的乡村进行公演，宣传抗日战争，很受群众欢迎。同时通过党的同情小组的积极工作，龙门的农会组织得到恢复。在龙门、官桥和南安翔云等处，发展农会积极分子近100名，各地夜校也办得有声有色。

抗日战争全面爆发后，集美学校在1937年10月内迁安溪。上级党组织派来龙门工作的李毅然，在1938年秋安排张连、白宗兰进入集美学校读书。白宗兰就读于初中50组。1939年10月，经漳州中心县委批准，重新成立中共龙门支部，书记李毅然。1939年秋，白宗兰、张连先后加入中国共产党。

白宗兰在集美中学毕业后，党组织安排他在溪内国民小学任教。后来党组织为了将仙地小学作为开展革命活动的据点，便于掩护闽南地下党组织委派来龙门地区开展革命活动的负责同志，就把白宗兰安置在仙地国民小学当校长。此后，他长期以教员等身份掩护闽南地下党组织委派到龙门地区开展革命活动的负责同志，出色完成任务。

为了开辟新区，打通龙门经罗岩通往漳州的交通线，1945年9月，党组织派白宗兰和梁新民，带领林明法、庄牧、白玉函、刘一虹、林火撰等人，到罗岩宝溪中心小学任教，白宗兰担任校长，负责开展革命工作。

1945年12月，中共罗岩（宝溪）中心小学支部成立，书记白宗兰。当时为了筹集党的活动经费，党员都把学校发的薪酬的一半交给党组织，作为开展活动的经费。1947年6月，党员先后调往其他地方。白宗兰以教员身份掩护地下党领导人，先后长达7年之久，为革命作出贡献。

1947年夏，安溪国民党政府进行基层选举，这时白宗兰回到龙门老家，党组织提出镇民代表会主席和镇长职位，由白宗兰和林文芳为候选人参选，但国民党和三青团提出不同的候选人。党组织即调张连回来，在白宗兰家里，召集社会上层人士，邀对方进行谈判，促成对方同意党组织提出的候选人，选举白宗兰为镇民代表会主席，选举林文芳为镇长。

1947年11月，由于叛徒出卖，白宗兰身份暴露，难以继续在安溪开展革命工作。党组织考虑后作出决定，让他离开安溪到国外。白宗兰即前往香港，再从香港辗转到越南，进入堤岸福建中学（华侨子弟学校）任教。白宗兰在搞好教育工作的同时，继续从事革命活动。

1949年8月，白宗兰因参加营救活动而暴露身份，此时他已无法继续在越南开展工作了。于是他立即作出决定，辞去教师职务，离开越南返回香港。抵达香港后，再由党组织介绍回国，分配在福建省政府侨务办公室任职。

中华人民共和国成立后，白宗兰长期在省政府侨务办公室工作。他参与创办福建省华侨投资公司，鼓励安溪和全省的华侨来闽投资，推动福建发展经济。安溪侨胞投资省华侨投资公司，再由该公司投资安溪，创办安溪电厂和安溪电冶厂，促进家乡经济发展，为加速福建的社会主义建设作出贡献。1983年离休。

2004年，白宗兰在福州市逝世。

白雪娇

（1914—2014年）

白雪娇，又名白雪樵，祖籍福建安溪龙门，1914年出生在马来西亚槟城的一个华侨富商家庭。1936年入读厦门大学中文系，后回到马来西亚槟城当教师。回到槟城后，她马上投入当地的抗日救国活动，担任槟城筹赈会的妇女委员，积极宣传抗战，动员华侨购买抗日救国公债，参加抗日义演、义捐等活动，成为槟城妇女抗日救国的骨干。

抗日战争全面爆发后，日军封锁中国沿海交通，切断了中国接受国外救援物资的通道。为了抢运补给物资，打破封锁，1938年下半年，20万中华儿女在极其艰苦的环境下修建了当时中国通往外界的唯一交通线——滇缅公路。滇缅公路地势极为险恶，国内当时又极其缺乏熟练驾驶车辆和掌握维修技术的人才。因此，国民政府向"南洋华侨筹赈祖国难民总会"呼吁，招募熟练的司机及机工回国服务，南侨总会主席陈嘉庚随即发出招募通告。得知这一消息后，白雪娇决定投笔从戎，偷偷辞去教师的工作，瞒着父母，化名"施夏圭"报名应征。施是母姓，夏是华夏，圭是归，表明了她为国而归的决心。

临行前，白雪娇给父母留下了一封告别家书。"家虽是我所恋的，双亲弟妹是我所爱的，但是破碎的祖国，更是我所怀念热爱的……这次去，纯为效劳祖国而去的……虽在救国建国的大事业中，我的力量简直是够不上'沧海一粟'，可是集天下的水滴而汇成大洋。我希望我能在救亡的洪流中，竭我'一滴'之微力。"但不巧的是，这一秘密在出发前被父母知道了，父母开始时极力劝阻，但见她言辞恳切、意志坚定，便同意了她回国抗日的决定。

1939年5月18日，白雪娇等南侨机工在槟城集中，踏上回国旅程。那天，槟城万人空巷，为他们送行。回国支援抗战的南侨机工共有3000多人，其中4名女性，白雪娇便是其中的一位。1939年至1942年间，南侨机工通过滇缅公路运送了50万吨物资入境，为祖国抗日做出了巨大的贡献。

回国路途中，生活、医药等条件都十分恶劣，还经常遭遇敌机的轰炸，但这些都没有吓退从小生活富裕的白雪娇。她多次要求上前线抗战，后在邓颖超的建议下，转到四川成都就读齐鲁大学，参加大学生抗日宣传队，进行抗日宣传、慰问伤病员，并将自己所写的关于祖国抗日的报道寄回马来西亚，让更多人支持抗战。

抗战胜利后，白雪娇回到马来西亚，在华文学校当校长并积极参加当地的反殖民运动。1949年中华人民共和国成立时，白雪娇怀着激动的心情请人做了一面五星红旗，在华文学校的上空升起。这是槟城上空升起的第一面五星红旗。然而，这个举动却惊动了殖民当局，认为其是中共嫌疑分子，将其禁闭关押一年多，并于1951年遣送回中国。

白雪娇回国后，加入了中国共产党，将自己对家国的无限热爱全部倾注在教育事业上，为祖国奉献自己的力量。她先后在广东侨中、广州市文化局、广州师范学院等部门工作，直至70岁正式退休。

2014年，白雪娇病逝于广州，享年100岁。

六画

刘　由

（1906—1935年）

　　刘由，福建省安溪县金谷镇人。1927年到南洋当码头搬运工人。1930年底返回家乡。

　　回国不久，刘由与已加入党领导的群众组织——妇女会的郭辫结婚。在郭辫的带动下，参加了农会、赤卫队。1932年夏初，陈凤伍带领游击队经常在元口小溪一带活动，刘由要求参加游击队。经陈凤伍同意，他即投身于安南永地区的游击战争。其堂叔横行乡里，破坏农会活动，刘由把情况反映给闽南工农游击队第二支队，予以处决。后来加入了中国共产党，任红军游击队中队长、大队长。他练就了双手握枪，准确射击的本领，击毙安溪蓬莱鹤前民团排长和安溪坂顶土豪。

　　1933年7月，刘由被任命为红二支队第三大队副大队长。9月"青云楼事件"后，敌人倾全力向安溪登虎榜、东溪、佛仔格、岩山等重要革命据点发动疯狂进攻，革命受到严重摧残。面对这种严重局面，刘由用自己的行动鼓舞大家的斗志。10月，中共安溪中心县委进行调整，他调任红二支队第二大队大队长，后又调任第三大队大队长。刘由注重抓军纪，队伍所到之处，秋毫无犯；指挥作战果断灵活，多次指挥队伍歼敌。

1934 年 10 月，中央红军进行长征。敌人加紧了对安南永德苏区的进攻，采取了"三分军事，七分政治"的毒辣手段，一方面对革命根据地进行更大规模的"围剿"，一方面收买叛徒，从内部瓦解革命队伍。

面对这一残酷的斗争形势，1935 年春，中共安溪中心县委决定把游击队化整为零，向外发展。刘由留在安溪芸溪区、黄口区、官彭区一带活动。其间，刘由到安溪龙门协助林师柴领导边区工作，并帮助把安南同地区原有 10 多人的武装队伍扩建为"中国抗日义勇军西南军区闽南第二支队第五大队"，进一步壮大武装力量。9 月，敌人开始对安南同边区进行全面"围剿"，红二支队政委彭德清率领的游击队被敌人围困。在这十分危急的时刻，刘由率队驰赴救援，勇猛冲入敌阵，毙敌 3 人，掩护彭德清队伍突出重围。队伍会合后，当即由彭、刘率领开赴官彭区。之后，这支队伍又分成两部分，分别由彭、刘带领到南安金淘区、安溪城关地区和官彭区开展斗争。但是不久后，易培祥（曾任中共安溪中心县委组织部长）、张剑峰（原中共安溪中心县委执委、官彭区区委书记）叛变革命，参加"铲共义勇队"，与叛徒郭港（原红二支队第一大队大队长）一起，带敌人围捕游击队。

为了继续坚持革命斗争，1935 年 10 月，中共安溪中心县委、红二支队领导人尹利东召集中心县委组织部长杨七、红二支队第三大队长刘由、团中心县委委员刘秀芳、区委书记张瑞明召开了紧急碰头会，决定分散隐蔽，由杨七负责县委工作，刘由分管军事，尹利东等外地干部到厦门找中心市委汇报。尹利东往厦门后，刘由集合队伍，让大家暂时分散，返回家乡或到亲友处隐蔽下来，等候上级的指示。

1935 年 11 月 1 日，杨七、刘由带领杨芬、刘秀芳等 11 人转移到湖头白濑山林中隐蔽。12 月 23 日，刘由因犯疟疾，在草寮里养病，不料被叛徒暗中勾结土匪开枪杀害。

许包野

（1900—1935年）

许包野，原名许鸿藻，祖籍广东省澄海县冠陇乡（今冠山村），1900年5月生于暹罗（今泰国）华富里一位侨商家里。7岁回国，1919年中学毕业，受新文化、新思潮的影响，于是年冬毅然考取以蔡元培为会长的"华法教育会"组织的赴法勤工俭学。1920年4月到法国里昂中法大学学哲学和法律。第二年转到德国奥古斯特大学继续学哲学，并学习军事学。在这里，他自学马克思主义书籍，积极参加中共旅欧支部组织的革命活动。1923年经朱德介绍，他加入了中国共产党。

1925年6月，在朱德带领下，他同旅德中共党员，到一些城市和工业区讲演，举行示威集会，声援国内"五卅"运动。被德国当局逮捕，不久被驱逐出德国，来到奥地利的维也纳，继续学哲学，获得博士学位。

1926年，中共组织安排他到莫斯科，在东方劳动者共产主义大学任教，还兼任过地方法官。他在苏联工作5年多，不遗余力地为国际共产主义运动做出贡献。1931年"九一八"事变后，共产国际派他回国工作，入境后即受到国民党特务的监视。

1932年4月下旬，受厦门中心市委派遣，时任厦门中心市委特派员的许包野与其弟厦门中心市委宣传部长许依华到安溪巡视，传达贯彻福建省委、省苏的决议，布置"打进苏区边境的工作和游击区域与创造新的政权的准备"各项任务。针对当时安溪党组织"最严重的问题就是党内土匪富农分子，在内面破坏党的工作"，而"安溪的社会破产不堪，农村成分多数是贫农"的现状，许依华、许包野首先对安溪的党团组织和游击队进行整顿。月底，许依华、许包野在安溪黄口小溪村主持召开党团干部会议，成立中共安溪县委员会，代替中共安南永临时县委。

6月中旬，许包野又先后到惠安、泉州、莆田等地检查工作。8月间，厦门中心市委要他立即回厦门，赶回厦门时才知道中心市委书记王海萍已不幸被捕牺牲，宣传部长许依华接任书记职务。厦门中心市委要求中央将许包野留在厦门，并决定他任厦门中心市委宣传部长。9月间，许依华也不幸被捕，厦门中心市委决定由许包野暂时代理书记职务。10月初，中共中央正式任命许包野为厦门中心市委书记。他着力整顿各级党的组织，改组惠安、泉州党的领导机构，使党组织得到巩固与发展。在他领导期间，闽南各地革命运动蓬勃发展。1933年，他在厦门组织失业工人委员会，把失业工人组织起来，又领导厦门马路工人、码头工人、海员和商学日报工人先后举行罢工，取得加薪的胜利。他还动员厦门数十位工人和60余名失业者到安溪参加红军游击队，同时发动募捐，买一挺重机枪武装游击队。

他重视党的宣传工作和理论建设，亲自领导厦门文化协会，建立发行部、印刷机关，秘密出版《发动机》《战斗》《实话报》等刊物，引导党员群众学习马列主义理论。

1934年7月，中共中央调他到上海担任江苏省委书记。10月又调他到济南任省委书记。1935年2月，由于叛徒出卖，许包野被捕。

1935年春，许包野壮烈牺牲。

许依华

（1908—1940年）

许依华，又名许泽藻、许义和。广东省澄海县冠陇乡（今冠山村）人。1926年加入中国共产党，在海陆丰协助彭湃开展工运、农运。大革命失败后，到汕头特委，先派回澄海，组织农民响应南昌起义军。1928年中共澄海县委遭破坏时，许依华只身前往新加坡。一年后回国，找到党组织，先后在泉州、厦门开展革命活动，历任中共永春县委书记、厦门市委书记、厦门中心市委宣传部长。1932年1月，前往惠安巡视，协助成立惠安县委。后又前往安溪、永春、惠安、泉州、晋江、南安等地巡视，推动这些地区党的建设和武装斗争的发展。

1932年到安溪巡视，对安溪的党团组织和游击队进行整顿，并在安溪黄口小溪村主持召开党团干部会议，成立中共安溪县委员会。同年9月，在厦门被捕，保释后前往新加坡，从事教育工作。1938年回国参加"东江华侨回乡服务团"。

1940年在党内"肃反"中被错杀。1986年由广东澄海县有关部门平反昭雪，恢复其党籍。

许集美

（1924—2016年）

许集美，福建省晋江安海镇桥头村人。1939年10月加入中国共产党。抗战时期，历任南安养正中学党支部书记、官桥区青委书记，晋江安海区特派员、晋（江）南（安）惠（安）边区负责人，安溪县工委书记。1945年春，为迎接计划南下粤东的八路军、新四军部队，奉福建省委之命任挺进工作队队长，打通通往闽粤赣边区的路线。抗战胜利前夕，进入厦门市区建立党组织，1946年2月任中共厦门市工委书记。

解放战争时期，担任闽中地委委员、泉州中心县委书记。1947年5月，组织群众武装，指挥攻打安海镇，并建立了泉州游击队，活跃于安（溪）南（安）永（春）地区，开展游击战争。1948年6月，在泉州成功领导了劫狱斗争。1949年5月，任闽浙赣人民游击纵队闽中支队泉州团队（归中国人民解放军华东军区序列）指挥员兼政委。同时，亲自部署策动国民党三二五师陈言廉部900多名官兵起义，带动了晋江、南安、同安等县国民党地方武装的起义。8月31日，在大军压境之际，率部解放泉州城。

中华人民共和国成立后，历任晋江县委第一副书记兼县长，泉州市市长，晋江地委统战部长、秘书长、宣传部长。1956年9月至1958年5月任晋江专员公署专员。因所谓"地方主义"案被错误处理，平反后历任团省委副书记，中共三明地委副书记，莆田地委副书记。曾当选为省委候补委员。"文革"期间受到迫害，党的十一届三中全会后得到平反昭雪。1985 年 10 月至 1993 年 1 月，任福建省第五、第六届政协副主席。

2016 年逝世。

庄希泉

（1888—1988年）

庄希泉，福建省厦门市（祖籍福建省安溪县龙门镇）人。其祖父庄登山及父亲庄有理，在厦门创办"庄春成"商号，成为闽南有名望的商贾。庄希泉9岁入私塾，后就读厦门东亚书院及私人办的学馆。18岁时便被其父派到上海自家的"庄春成"商行任经理。当时上海的"泉漳会馆"是福建反清志士聚会的场所，庄希泉在那里结识了前清举人沈缦云等，阅读了不少进步书刊，开始投身革命。

辛亥革命爆发后，沈缦云被任命为都督府财政总长。当时国库空匮，军无粮饷，军政府派庄希泉一行赴南洋募饷。他抵达新加坡后，在陈嘉庚及南洋广大华侨的帮助下，筹饷任务顺利完成。这一年，庄希泉在槟榔屿加入同盟会。后为协助孙中山筹办中华实业银行，与沈缦云到南洋向华侨招募。中华实业银行成立时，孙中山任名誉董事长，沈缦云任总行行长，南洋总分行设在新加坡，庄希泉任协理。

1914年庄希泉回厦门治病。此时孙中山第二次讨袁失败，蒙难海外；沈缦云也遭通缉，中华实业银行关闭。庄希泉眼看难在国内立足，又需处理南洋总分行的善后工作，即于1915年三下南洋开辟新天地。为实现实业救国，与陈楚楠等合股创办中华国货公司，推销国货，抵制洋货，庄希泉任经理。1917年创办南洋女子师范学校。余佩皋任校长，庄希泉任董事长。

英殖民当局于1920年5月推出《海峡教育条例草案》，对华侨学校施加种种限制，企图泯灭中华文化教育。庄希泉毅然领导了震动马来半岛的"争人权、反苛例"斗争，为此被捕入狱，关了三个多月。

他即聘请律师告新马总督，官司告到英国枢密院，终审裁决庄希泉胜诉：总督拘留逾期违法，庄希泉予以释放。

这场斗争的胜利震动了南洋侨界，然而殖民当局却不善罢甘休，在庄希泉获释并和余佩皋于11月7日结婚的第二天，再次下令拘捕庄希泉，并宣布"永远驱逐出境"。

庄希泉回国后与余佩皋会合，继续进行爱国救国事业。1922年5月，他们在厦门虎头山北麓庄氏祖宅创办"厦南女子师范学校"，后改为"厦南女子中学"，余佩皋任校长，庄希泉任董事长。

1925年上海发生"五卅"惨案后，庄希泉、余佩皋即发动成立"厦门国民外交后援会"，由厦南女中带头发动罢课、罢市，抵制日货。他们的爱国行动，激怒了日本帝国主义者。被日本驻厦门领事馆关禁在其监狱10天后，又押送台北监禁。厦门数千人到码头恭送庄希泉。1926年4月获释。

1927年4月3日，国民党右派在福州发动反革命政变，进行"清党"逮捕枪杀共产党员。由于周恩来和邓颖超曾托人送信给庄希泉，提到形势可能发生剧变，关切他们的安全。余佩皋经友人相助未被捕杀而被通缉，与回到福州的庄希泉前往上海、武汉、江西等地。大革命失败后，庄希泉夫妇即流亡菲律宾等地继续从事革命活动。

到菲律宾后，庄希泉和王雨亭在马尼拉创办《前驱日报》，宣传反蒋抗日。1934年夏，庄希泉回厦门省亲，遭国民党宪兵逮捕，并被引渡到鼓浪屿日本领事馆的拘留所关押一个多月，经多方营救才获释，庄希泉即离开厦门。此时，奔波革命，积劳成疾的余佩皋英年早逝。

抗战开始后，庄希泉奔走于菲律宾、香港、上海、桂林、重庆等地，开展抗日活动。在香港，他主持福建抗日救亡同志会，救济难民，创办建光学校、立华女中，和台湾革命同盟出版《战时日本》杂志，直至香港沦陷。在中共中央南方局的安排下，转移到广西桂林，支持广西地下党的工作。

1942 年，由于叛徒告密，中共南方工委和广西地下党组织遭受破坏，庄希泉的儿子庄炎林当时是广西大学地下党支部书记、省委交通联络员，庄希泉利用华侨关系，帮助许多地下党同志进行掩护和安置，并通过他的关系使中共广西工委与中央取得联系。为营救并转移被捕的地下党员，党组织迫切需要经费。庄希泉建议变卖他留在香港的家产，以解地下党燃眉之急，经广西省委同意，庄希泉父子等 7 人跋山涉水，走了十多天才到澳门，庄希泉留在澳门，其他人进入香港，把 20 多箱的家产设法搬运出来变卖，将全部所得悉数捐给当时的中共广西工委支援抗战，而他们一家人一日三餐仅以稀饭咸菜充饥。

抗战胜利后，庄希泉返回香港，经其抗日有功，成为新加坡、马来西亚地区抗日英雄的堂弟庄惠泉交涉，获准重返新加坡，在新加坡创办捷通行经营汇兑，并经营进步电影及进出口贸易。1947 年在香港加入中国民主同盟。在中华人民共和国成立前夕，他作为中共中央的特使直飞新加坡，面邀陈嘉庚回国，赴北京出席中国人民政治协商会议。

中华人民共和国成立后，他协助陈嘉庚创办全国侨联，任副主席，陈嘉庚病逝后受命担任第一届全国侨联代主席，当选为第二届中国侨联主席，第五、六届全国政协副主席。1982 年经中共中央直接批准，以 95 岁的高龄加入了中国共产党，成为中共正式党员。是中国著名爱国华侨领袖、实业家、教育家和社会活动家，中国侨务工作主要领导人之一。

1988 年因病在北京逝世。

庄炎林

（1921—2020年）

庄炎林，新加坡归侨，祖籍福建省安溪县龙门镇寮山村梧桐内。为爱国侨领庄希泉之子，1925年从新加坡回国。1938年上海沦陷后，他从上海到了桂林，先在桂林中学读书，当年11月参加了广西学生军。1940年夏，离开学生军，回到桂林中学读书，1940年12月在中共地下党组织有意识的培养下，在桂林中学加入了中国共产党。1941年，庄炎林就读广西大学，先后任该校新生支部副书记、书记。

1942年桂林"七·九"事变后，与卢蒙坚一起完成广西大学学生党员撤离后，省工委安排庄炎林到柳州通知柳州方面的地下党转移。在柳州，庄炎林在融安县吴赞之家住了一段时间，后到桂林荔浦县黄嘉的家里隐蔽，其间恰遇省工委书记钱兴到荔浦向黄嘉布置工作，庄炎林与钱兴第一次相见，随后庄炎林随钱兴到了英家，成为钱兴与邹冰夫妇之后第一个到英家省工委机关工作的人员，不久黄嘉、肖雷、吴赞之、韦立仁等也相继调到英家，担任相应职务。

庄炎林到英家省工委机关，主要负责柳州、梧州等地的地下党交通联络工作。其间，为了解决省工委活动经费，庄炎林曾回到桂林找到父亲庄希泉，请其给予资助，并与其冒着生命危险，潜入日占区回到香港，变卖其留在香港的家产，将所得钱款全部交给中共广西省工委，作为党组织的活动经费。

桂林"七·九"事变之后，中共广西省工委曾一度与上级组织失去联系。为了恢复与上级党组织的联系，省工委曾几次派庄炎林回桂林，通过其父亲的关系，找到了原属八路军桂林办事处领导的张兆汉（公开身份是《广西日报》驻柳州办事处主任），通过张兆汉的组织关系，将桂林"七·九"事变后中共广西省工委的情况报告了中共中央。其间任中共广西大学支部书记、中共桂林市工委书记、上海华侨通讯社记者、《上海经济周报》责任编辑、《上海人民报》编辑、上海各界人民团体联合秘书处负责人。

中华人民共和国成立后，庄炎林历任共青团福建省委书记。福建省青年联合会主席、福建省人民委员会秘书长、中共晋江县委书记、晋江县长等职。20世纪70年代中期以后，历任中国驻坦桑尼亚经济代表，对外经济联络部办公厅主任，国家旅游局副局长兼中国国际旅行社副总经理，国务院侨办副主任兼中国旅行社总社社长。被选为第四届中华全国归国华侨联合会主席、第七届全国政协华侨委员会第一常务副主任等职务。

2020年7月，在北京逝世，享年99岁。

七画

李南金

（1907—1932年）

李南金，原名李世混，学名李果，笔名觉因，福建省永春县达埔镇岩峰村人，是安南永德边区党组织和革命根据地的创始人之一。

李南金小学毕业以后，到泉州一所专科学校继续深造。他曾发表不少文章，并剪辑成集，取名《碎锦》（已散佚）。课余时间，他搜寻医书，辑录秘方，为贫苦百姓医治疾病，济世救人。永春是著名的白鹤拳之乡，李南金还勤练武术，抄了一本《国技指南》，希望以此帮助人民排忧解难，吐气申冤。流淌在血液里的侠义精神，最终驱使李南金走上革命道路。

20岁那年，李南金到越南教书。在那里，他切身感受到祖国的衰弱，华侨在外忍辱度日的情景，为此他立誓要发愤图强。

在越南一年后，李南金决定回国，到当时的上海中华艺术大学文科班学习。学校校长是《共产党宣言》中文全译本的首译者陈望道，学校里的老师则有大家耳熟能详的夏衍。在这所作为新民主主义革命重要文化阵地之一的学校里，李南金如饥似渴地阅读大量进步书刊，开始接受马列主义真理。他特别喜欢鲁迅先生的作品和演讲，鲁迅先生反帝反封建的硬骨头精神、毫不妥协的战斗精神让李南金非常崇敬。李南金以笔为戈，以纸为戎，不断发表文章，撰文救国，传播革命思想。1929年，满腔爱国抱负的李南金光荣地加入中国共产党。

1930年7月，李南金大学毕业。此时的永春正处于白色恐怖之中，组织上派他回到家乡开展革命活动，任命他为中共永春县委宣传部部长，负责在城关建立活动据点。临危受命，李南金在所不辞。

一到永春，他便马不停蹄开展工作。他通过县建设局搭建平台，主编《建设月刊》，用"觉因"笔名发表文章，揭露旧社会的黑暗，宣传革命真理；他利用公务活动的机会在社会上广泛结交朋友，培养积极分子，秘密发展党员；他亲自主编党的秘密刊物《磨砺》，播撒革命的种子……积极而高效的一系列工作，为活动据点的建立打下了坚实的根基，但也引起了敌人的注意。

为了避免暴露，李南金回到达新小学（现岩峰小学）任教，以学校为据点，联络附近小学教师，深入群众，秘密开展工作。短短几个月时间，革命的星星之火不断点亮，李南金在达埔先后建立了儿童团、农民协会、互济会、妇女会等组织，并建立中共达埔支部，为后来安南永德革命根据地培养了一批优秀的领导骨干。

1930年年底，上级党组织派李南金到安溪、南安、永春三县边界开辟游击根据地。他打扮成猎手，翻山越岭，到安溪发展猎户陈体，在多地陆续建立据点，创立了以佛仔格为中心的安南永特区并兼任特区委书记，组织了一支用火枪土炮武装的游击队，培育游击队军事骨干，为日后开展游击战争打下坚实基础。

特区的革命活动引起敌人的惊恐，李南金的家9天被抄11次。为保存革命力量，党组织把李南金调到漳州、石码一带工作，之后担任中共同安特支书记。尽管生活环境异常艰苦，但他始终保持坚强的意志，为革命斗争抗争不止。

1932年3月23日，李南金和战友陈凤伍在安溪芸美遭到国民党反动派伏击。危急关头，李南金举枪向敌人猛烈射击，杀开血路，脱离险境，但陈凤伍是外地人，因不熟悉地形而被敌人包围。为救战友，李南金毅然回头冲入敌围，为掩护陈凤伍突围脱险，用尽了枪膛里的最后一颗子弹。敌人步步逼近，李南金赤手空拳，同群敌搏斗，终因寡不敌众，不幸被捕。

1932年4月24日，李南金于安溪县城英勇就义，年仅25岁。李南金的牺牲，使安南永特区失去了一位优秀的文武全才的领导者。"他是永春党的灵魂"——这是当时中共厦门中心市委对李南金烈士的高度评价。

1978年，永春县人民政府拨款将烈士遗骸迁葬于烈士故乡达埔岩峰，并营建烈士墓。2020年，李南金烈士故居棋盘厝被列为永春县文物保护单位。

李永康

（1908—1932年）

李永康，绰号"李大虫"，福建省永春县东平镇太平村人。

李永康从小受到了严格管教，并由一名家庭教师进行专门授课，学习知识。李永康小学毕业后，到永春润中师范学习，毕业后先后在内碧、外碧、太平、花石等学校任教。有感于当时社会黑暗，受李文墨、吴国清等共产党员和进步青年的影响，在革命思想的启迪下，李永康从封闭的家庭束缚中解脱，投身革命。

1927年11月，在中共永春特支领导下，东区农民协会成立，东区农民运动迅速开展起来。李永康积极参加农运活动，白天教学，晚上和李文墨等人访贫问苦，宣传革命真理，发展农会会员。

1928年2月，中共永春县委成立，在县委领导下，东区农民运动进一步发展。李永康主动投入农会组织的减租、抗饷、反迫害的斗争，不遗余力地开展革命活动。

1928年底，东区农运遭遇了挫折。李永康在东区参与的农运的一系列活动引起当地豪绅恶霸的不满，其父亲权衡利弊后，要他停止参加活动或离开家乡。李永康毅然选择为"大家"弃"小家"，继续投身到革命的洪流中。

1930年春，鳌峰抗捐斗争失败，永春的革命斗争转入达埔一带，并逐渐向安南永边区发展。同年秋天，李永康和李晓山到达埔，在李南金的领导下继续开展革命活动，建立农会、妇女会、儿童团、互济会等组织。由于在革命活动中展现出忠诚刚毅的品质，李永康被吸收加入了中国共产党，1931 年任永春县委委员。同年冬，翁成金受中共厦门市委派遣第二次到永春，在达埔召开会议，传达中央关于"保护苏维埃，扩大游击区"指示，李永康参加了这次会议。会后，中共永春县委根据指示，把革命斗争区域逐步由达埔向安溪、南安边区发展，建立安南永游击区。李永康受命在永春岱山一带发展党、团、农会组织，领导群众开展"五抗"斗争。

1931 年 12 月，中共安南永临时中心县委成立，李永康任县委委员。1932 年 4 月，革命斗争中心转移到安溪县，成立中共安溪县委，李永康任安溪县委宣传部长。

1932 年 8 月，第十九路军六十一师一八一旅长张励部调驻安溪"剿共"，分别在湖头、官桥、蓬莱各驻扎一个营。9 月，安溪中兴后宅民团长叶火国勾结驻湖头的第十九路军，对黄口等游击区进行清剿。李永康身先士卒、勇猛冲杀，但仍有数十位群众被抓。为了掩护其他群众转移，李永康负责殿后，因弹尽被捕。

1932 年 9 月，李永康在安溪县城英勇就义，时年 24 岁。

李 实

（1910—1933年）

李实，化名密雷，海南万宁人。早年参加海南革命，受挫后，前往马来西亚继续从事革命活动，又被当地政府驱逐送回香港，后由党组织安排他到厦门工作。

1932年3月下旬，李实受中共厦门中心市委的委派到安溪，以加强对安南永德武装斗争的领导，开展游击战争，创建苏维埃红色区域。

1932年11月，中共安溪县委升格为中共安溪中心县委后，李实任中心县委常委、秘书。他倾心于党和游击队的建设，发展安南永德地区的游击战争，扩大革命根据地，为中心县委起草了许多通告、决议、报告以及计划和总结等，为安南永德苏区的革命斗争发挥重要的作用。

1933年春，中共安溪中心县委为加强宣传教育工作，成立了"安溪红旗报社"，出版中心县委机关刊物——《安溪红旗》半月刊。5月，又新增出版《支部生活》半月刊、《安溪通讯》月刊。李实、李晓山先后担任总编辑。李实还为这些刊物撰写了大量文章，如《纪念五一国际劳动节》《告群众书》等。

1933年5月1日，中共安溪中心县委、闽南工农游击队第二支队在安溪贞洋举行集会，庆祝二支队成立一周年。安南永德四县代表500多人参加了大会。会上，李实作了题为《配合红军游击队杀反动派去》的演说。大会根据形势的发展和斗争的需要，宣布将"闽南工农游击队第二支队"改称为"中国工农红军闽南游击队第二支队"。翌日，中共安溪中心县委在贞洋召开扩大会议，通过了政治任务等11个决议案。同时，制订了将安南永德四县打成一片的工作计划，决定组建县委军事委员会，由李剑光、李实、陈凤伍负责。

1933年7月，为建立县级苏维埃政权，经厦门中心市委同意，中心县委全面调整了党、政、军领导人，原中心县委书记李剑光调整到即将成立的苏维埃政府任职，原中心县委秘书李实升任中心县委书记主持中心县委工作，并积极参加地方苏维埃政权建设。

7月下旬，反动当局从闽西调来一个团两个营的兵力，对革命根据地进行全面"大清剿"。李实根据中心县委常委会议关于反"围剿"的部署，发动安南永德地区党员干部和广大群众，集中力量，开展游击战争和进行骚扰活动，打击了土豪恶霸，进一步发动了抗租分粮斗争，收缴敌人武装，扩大游击区，取得了一系列胜利。

敌人的"围剿"进攻屡遭失败后，变换策略，暗设圈套。李实受到敌人的蒙蔽，放松警惕，轻信被游击队收编的匪首王观兰，并与之结拜兄弟，酿成了土地革命战争时期安溪革命史上一次重大流血悲剧——"青云楼事件"。

李实在"青云楼事件"中被捕，被关押在安溪县监狱。在狱中，他始终坚贞不屈，于1933年9月17日在安溪县城凤冠山上英勇就义，年仅23岁。

李世全

（1908—1933年）

李世全，福建省永春县达埔镇岩峰村人，是安南永德苏区重要军事领导骨干。1930年春夏之交，中共永德县委领导吾峰农民武装抗捐斗争失败，李世全挺身而出，掩护同志，救济革命。

1930年7月，福建省委派李南金回永春开展革命工作。李世全知道后，辞去店员的工作投入到革命中，积极配合李南金在达埔建立农会、妇女会、互助会、儿童团等群众组织，提出抗租、抗税、抗粮、抗债的口号；参与组织贫苦农民对豪绅、军阀作斗争。同时，以东溪和佛仔格农民武装为主体，建立安溪游击队，李世泉任队长。这支队伍和永春游击队一起在安南永边界开展游击活动，成为安南永游击武装的基础。经过一系列革命活动实践的考验，1930年秋，李世全由李南金、李剑光介绍，加入了中国共产党。

1931年7月，中共厦门中心市委根据"开辟游击区，创建新苏区"的指示，决定筹建红军游击队，开展游击斗争，开辟安南永游击区。为培训军事骨干，先后调李剑光、李世全、林绍琼等一批干部到漳州游击队学习军事。

1932年1月，李世全和李剑光等人在安南永边区进行活动，足迹遍及安溪、南安、永春各地。他们发动群众打土豪、收缴枪支弹药，筹备活动经费，扩大游击武装力量，为安南永游击队的组建进一步打下基础。同年 4 月，中共安溪县委成立，李世全任县委委员。永春、安溪游击队在佛仔格整编为闽南工农游击队第二支队。同年 11 月，中共安溪县委升格为中共安溪中心县委，李世全任委员，同时任闽南工农游击队第二支队副支队长。在永春达埔的游击活动中，李世全、李剑光领导二支队打击敌人的反动气焰，壮大革命声势。尤其是对达埔当地土豪地痞的惩戒，让百姓拍手称快，被百姓称为"雷公队"，第二支队的声威因此大振。

1933 年 5 月，闽南工农游击队第二支队被正式命名为中国工农红军闽南游击队第二支队（简称"红二支队"），李世全任副支队长兼第一大队大队长。同年 7 月，经厦门中心市委批准，全面调整安南永德党政军的领导人，李世全任红二支队支队长。

1933 年 9 月，在安溪"青云楼事件"中，安溪中心县委和红二支队主要领导人李世全、陈凤伍、李实等 12 人被捕。李世全受尽敌人酷刑，始终坚守气节，牺牲时年仅 25 岁。

李剑光

（1911—1935年）

李剑光，又名李德涂，福建省永春县达埔镇岩峰村人。1930年同乡李南金介绍他入党，李剑光很快成为革命骨干，建立了一支30多人的游击队，在安南永边界地区开展游击活动。同年冬天，他率游击队成功袭击了国民党驻守安溪东溪的部队，揭开了安南永游击战争的序幕。

斗争环境艰苦，革命经费筹措困难，他倾其所有支持。祖母担忧他，想断绝接济迫使李剑光放弃。但李剑光顾不上祖母对他的怜爱而使了"苦肉计"，让同志们押着他回家，声言自己犯了错误，要祖母取钱来"赎身弭祸"。

1932年4月初，安溪、永春游击队在佛仔格整编为闽南工农游击队第二支队，队伍在斗争中迅速发展。与此同时，中共安溪县委成立，李剑光任书记。同年11月，中共安溪县委升格为中共安溪中心县委，李剑光仍任书记，领导安南永德四县游击战争。

1933年，第二支队发展到100多人，改称"中国工农红军闽南游击队第二支队"（简称"红二支队"），安南永德地区的工农武装斗争进入一个新的阶段。同年8月，李剑光担任安南永德苏维埃政府主席。同年9月，发生党政军骨干被诱捕杀害的"青云楼事件"。事件发生后，他临危受命，代理中心县委书记和二支队政委，采取对策，挫败敌人围攻，扭转了"青云楼事件"后的危急局势。

1934年，红二支队发展到4个大队500多人，开辟了近7000平方公里的苏区根据地。同年3月，李剑光率领红二支队夜袭永春仙夹夹际的泰和堂。刚交火，泰和堂的守望队就缩进炮楼，他扛来长梯，率先攀登，迅速解决战斗。同年8月4日，趁国民党驻守达埔镇的一个营奉命开拔去县城的混乱之机，李剑光带领队伍冲锋在前，直捣敌巢，乘胜解放了国民党"剿共"的主要据点达埔。

李剑光不仅英勇善战，还表现出性情豪迈的一面。有一次，杀土豪潘某，他带队埋伏在路旁等候，得手后又顺利撤退，打得反动派闻风丧胆。他组织游击队袭击民团一个排，胜利归来，从口袋里摸出银圆，那银圆被子弹打凹了。大家为他庆幸，他却有说有笑。

中央红军长征后，安南永德苏区遭受国民党军队的疯狂"围剿"。1935年3月，李剑光率队在达埔仙洞山与敌激战后，进入安溪转战晋南，计划从同安打通到漳州的交通路线，与红三团取得联系。但由于敌人封锁严密，无法通过，只得回师安南永根据地。4月18日晚，队伍行至同安梧峰龙根山顶，叛徒苏天时假称腹痛，发难不走，拉长了行军距离。李剑光从队伍前头折回，不幸被苏天时开枪击中，倒在血泊中。牺牲时，李剑光年仅24岁。

李素明

（1917—1935年）

李素明，女，福建省永春县达埔镇岩峰村人，土地革命战争时期安南永德苏区主要奠基人和党政军领导人李剑光的妹妹，安南永德革命根据地的优秀共产党员、妇女运动先锋。1932年加入中国共产党，曾任永春特支妇女会主席、共青团安溪中心县委宣传部长和共青团永春特支（特区委）书记。

李素明在哥哥李剑光的影响下，积极参加革命活动。1932年8月在中共安溪县委举办的青年妇女干部训练班学习时加入了中国共产党，结业后任永春特支妇女会主席。

作为一名妇女干部，李素明为人和蔼，诙谐幽默，对待妇女如姐妹。她深入群众，组织农会、妇女会，开展妇运、青运工作；她走遍安溪、南安、永春、德化山村，发动妇女参加妇女会，承担通讯联络工作，支援游击战争。在她的引领下，妇女会不断发展壮大，她细心发现和培养妇女干部，为革命积蓄力量。

1933年，李素明任共青团安溪中心县委宣传部长兼共青团永春特支（特区委）书记。1934年，她与红二支队队长尹利东（尹林平）结婚。

1935年国民党改变了"剿共"手段，一些革命意志薄弱的人退缩成了叛徒，敌人利用这些叛徒对革命内部进行破坏暗杀，李素明的哥哥李剑光因此牺牲。血的教训使李素明看清了叛徒对革命的严重危害性，悲痛之余她更加坚定了革命的意志。

1935年敌人调集重兵，对游击区发动"围剿"，怀孕在身的李素明依然坚守在反"围剿"战斗的一线。同年10月，她奉命转移到达埔官林村隐蔽。白天她住在山洞里，晚上到附近各村发动青年、妇女支援反"围剿"斗争。后因敌我力量悬殊不幸被捕。

狱中，李素明鼓励同牢战友要坚守革命气节，在她的鼓励下，同牢战友都坚贞不屈，斗争到底。敌人对她严刑拷打，妄图逼迫她"自新"，供出尹利东，李素明依然坚贞不屈。1935年10月30日，怀有身孕的李素明昂首阔步，沿途高唱《国际歌》，高喊口号，走向刑场……牺牲时，年仅18岁。

李毅然

（1909—1942年）

　　李毅然，又名李春彬、李开国，化名李汉滨，福建省南安市石井镇菊江村人。1924年8月，李毅然就读于集美师范学校，毕业后从事教育工作，并在厦门成家。1926年冬，李毅然加入中国共产党。是年12月，北伐军进入泉州后，他受委派回到南安，以前坂小学教员身份为掩护，在水头、丰州开展工作，组织反帝大同盟。

　　1927年1月，中共南安支部成立，有党员6人，李毅然是其中一员，隶属中共闽南部委。"四一二"反革命政变后，泉州国民党当局紧随镇压工农革命运动，南安支部成员转入地下活动。1928年，李毅然与彭友圃被迫流亡越南，在河内大同学校共同主持教务。因国内反动势力勾结河内闽侨社会封建势力，企图驱逐学校内的进步教师，1930年两人回国。

　　1932年5月，李毅然、彭德清吸收吴朋愫、吴天影等人入党，成立中共莲河支部，隶属于中共厦门中心市委。1934年7月，李毅然作为厦门中心市委联络员，帮助市委书记余南成立中共晋南县委和其下辖的中共南同边区（莲河）区委，区委成立后，积极发动群众开展抗捐税、抗租债、抗苛政的斗争。

　　受中共厦门工委指派，1936年底，李毅然到莲河恢复组织，发展党员，联络各阶层人士，成立莲河抗敌后援会，广泛发动群众，组织抗日剧团、救护队、警备队、妇女会、儿童团,发展抗日力量。

1938 年 2 月,中共厦门工委指派李毅然到安溪龙门开展工作,联系土地革命战争时期隐蔽下来的党员、干部。经过李毅然等人的积极工作,安溪龙门的农会组织得到恢复,并在安南同边界发展近 100 名农会积极分子,办起农民夜校。李毅然等人还在安溪组织抗日团体"半斋读书会",组织龙门抗日救亡剧团进行巡回演出,宣传八路军、新四军的抗日英雄事迹。在开展恢复党组织和抗日救亡活动中,李毅然培养和发展了不少进步青年入党。1938 年 10 月,中共龙门支部获批重建,李毅然任书记。

1939 年夏,南安翔云九五保群众发动抗暴斗争,在以李毅然为首的中共龙门支部的指导帮助下,翔云九五保群众抗暴斗争取得了最后胜利。1940 年 8 月,中共安溪龙门支部的活动暴露了色彩,引起国民党顽固派的注意。为安全起见,上级决定李毅然等人撤离龙门。他先是隐蔽到南安梅山国专小学,后转移到南安水头,以教师身份继续进行隐蔽革命的活动。

1942 年 1 月,因叛徒出卖,南同边区党支部书记吴金埕被捕,为避开国民党顽固派的追捕,李毅然与陈山、王钦铭同行,前往广西桂林寻找党组织。由于长年为革命奔波,积劳成疾,李毅然不幸染上肺病,1942 年 7 月 16 日,李毅然在桂林不幸病逝,葬于桂林东郊的福建公墓。

李晓山

（1914—1981年）

李晓山，原名李志宣，福建省永春县人。1930年9月加入共青团，不久转为中共党员。1931年4月，任团泉州特委书记。9月回永春，以花石公学校长为职业，恢复党的组织，为开辟安（溪）南（安）永（春）游击区作准备。12月辞去教职，到安（溪）南（安）永（春）边区负责团的工作，历任团安溪县委、安溪中心县委书记等职，致力于青年运动。1932年11月，任中共安溪中心县委宣传部长，后负责中心县委机关刊物——《安溪红旗》半月刊、《支部生活》半月刊、《安溪通讯》月刊总编。1933年调厦门中心市委工作。1935年到马来西亚马六甲等地，以教书为生。1937年10月加入马来西亚共产党，负责中马三个州华侨各界抗敌后援会宣传部工作。1949年7月被遣送回国，在广东潮汕地委干校工作。

中华人民共和国成立后，历任漳州新华书店经理、云霄中学校长、龙溪师范学校校长等职。1960年3月，重新加入中国共产党，任龙溪师范学校支部书记。

1981年12月病故。

李昭言

（1899—1951年）

李昭言，又名李敬慎，化名王寿全，福建省安溪县城人。国民党中央陆军军官学校高等教育班第五期毕业生。1928年11月起，曾先后任国民革命军第四师第二营、中央新编第一师第三团第二营中校营长。1930年12月后，先后担任中央陆军中路军、靖国军团长，福建保安十二团、保安五团团长，以及国民党安溪县县长、福建省政府参议员等职。1949年3月，被国民党任命为安溪县民众自卫总团副团长，奉命率自卫纵队"进剿"驻长坑的共产党和游击队。1949年4月，被游击队、抗征队、群众包围在长坑镇公所里，后率部起义，接受游击队整编。同年5月，被任命为安溪人民游击大队大队长，与其他游击队领导人一起率队攻占安溪县城。6月8日，中国人民解放军闽粤赣边纵队第八支队第四团（简称"八支四团"）成立，他被任命为副团长，为安溪人民解放事业做过贡献。

中华人民共和国成立后，李昭言任安溪汽车公司整理委员3人小组组长。1950年6月前往泉州就医。因他对党的政策不理解，托人购办出境证，于1951年3月经厦门往汕头，企图出走香港。由于所持系假通行证，被广东省汕头市公安局扣押。同年7月，在押解回安溪途中病故。

1985年11月14日，安溪县人民政府确认：李昭言为起义人员，恢复政治名誉，并对家属进行抚恤。

李纯青

（1908—1990年）

李纯青，乳名煊炉。1908年生于台湾省台北市。幼时返祖籍地安溪龙涓崇文学校就学。1924年考入集美师范学校，勤奋好学。1933年毕业于南京中央政治大学。任中国民族武装自卫会闽南分会组织部长，从事抗日斗争。1934年加入中国共产党。是年春，应聘到安溪崇德学校任教，秘密开展革命活动。同年冬，在厦门积极支持林师柴创建安（溪）南（安）同（安）革命根据地。不久，从厦门去日本大学社会系学习。翌年回国参加抗日斗争。先后在上海、重庆、香港任《大公报》主笔、天津《进步日报》副总编辑，撰写文章宣传抗日。1945年8月，到台湾参加接受日本归还台湾给中国的"受降典礼"，率领记者向各界人民宣传中国共产党的政治主张，出版《献曝》一书，主编《台湾评论》杂志。1948年帮助遭国民党破坏而转移到上海的安溪闽西南党组织的一批骨干与中共上海市委取得联系，通过上海市委安排部分党员干部进入中原解放区。同时，帮助张连、林文芳从上海往香港寻找华南分局负责人，为闽南人民解放事业作出了积极贡献。

中华人民共和国成立后，历任上海《大公报》副总编，天津《大公报》副社长，全国人大代表、全国政协委员、常委，台湾同盟总部副主席，台湾同盟中央评议委员会主席、外交部国际关系研究所研究员等职务。

李纯青是著名政治家、日本问题专家。他一生致力于爱国统一战线工作，热心祖国和平统一事业，参加《告台湾同胞书》的起草工作，有《日本问题概论》《望台湾》《笔耕五十年》等专著。

李纯青关心支持安溪的社会主义建设事业，为安溪县脱贫致富作出了努力，对党史资料征集工作给予热情帮助。

1990 年 5 月，李纯青在北京逝世。

吴国清

（1909—1935年）

吴国清，原名吴隆华，福建省永春县五里街镇华岩社区人。吴国清高中就读于厦门禾山中学。1928年，吴国清由禾山中学教务主任马义成介绍，加入了中国共产党。

1929年，吴国清回到永春任教，担任中共永春县委宣传委员兼团县委书记。任教期间，以教员的身份开办夜校，进行革命宣传活动。他深入码头工人、人力车夫和进步师生中，发动他们与反动当局作斗争。1930年元旦，为揭穿军阀陈园辉企图利用晚会进行反共宣传和派捐派饷阴谋，他组织进步群众散发传单、示威游行，大煞反动当局的威风，显示出共产党在永春的组织力量和斗争决心。

1930年2月，革命斗争形势变化，中共永德县委成员作了分工，吴国清担负起革命宣传发动工作。他深入学校，与教师分享进步读物，传播革命，通过开展文体活动增进与革命青年的友谊。3个月后，鳌峰武装抗捐斗争失败。1931年初，县委代理书记李南金家九天被抄十一次，由党的骨干主持的永春教师会组织暴露，上百名教师和有关人员逃亡南洋。面对白色恐怖，吴国清担起重任，继续在敌人统治的心脏地带活动，从未间断。

1931年11月，中共厦门中心市委决定开辟安南永游击区，12月，厦门中心市委派李南金在安溪佛仔格召开会议，传达建立游击区和创建安南永临时中心县委的决定。县委成立后，吴国清任中心县委委员，在安南永开展武装斗争，为安南永游击区的形成奠定了坚实的基础。1932年4月，建立了中共永春特支，吴国清任书记。1932年11月，中共安溪县委升格为中共安溪中心县委，其下辖中共永春特区委，吴国清任书记。他致力于发展永春城区附近各乡的党、团支部和工会、农协会等组织。

1933年9月，"青云楼事件"后，安溪中心县委进行调整，而吴国清在永春的活动已经引起敌人注意，党组织将他调往安溪，永春特区委书记改由林多奉担任。吴国清主要在安溪活动，并兼顾永春的工作，还不时到厦门找中心市委联系请示问题。这样，他奔波于安溪、厦门、永春之间，尽力做好各方面的工作。

为使安南永游击区进一步发展壮大，吴国清经常深入白区开展工作。吴国清的友人见他只身出入，为他担忧，让他到外地避一避，他不以为然。1934年12月31日，吴国清到永春东区的太平小学聚会，敌人知道后派重兵包围，吴国清突围时，敌兵慌乱中开枪将其射伤。他被送到永春县城，终因伤势过重，第二天牺牲，年仅26岁。

沈玉泉

（1910—1935年）

沈玉泉，化名老杨、杨道平、马路杨，福建省长汀县人。当过建筑工人，后为郭凤鸣部士兵，直至升任连长。1929年3月，红四军打败国民党福建省防军第二混成旅，击毙旅长郭凤鸣；继之进占长汀县城。沈玉泉加入红军队伍。此后，他从闽西调到厦门，1930年参加中共福建省委领导的"5·25"破狱和"7·25"攻打盐税局的斗争。惠安暴动前夕，他往惠安部署暴动军事行动，而后调任莆田红军团长。1931年6月初，复调惠安，组建中共惠安党团县委机构，任县委书记，着手恢复惠安工作，建立游击队。同年9月，奉命调返厦门，任中共厦门中心市委常委，负责职工部兼兵委。

1932年7月，沈玉泉调往漳州，任中共漳州县委书记；10月，成立中共漳州中心县委，任中心县委书记；1933年1月，调回厦门中心市委负责职工工作。

1933年11月，沈玉泉被派往泉州工作。1934年5月，中共厦门中心市委为加强对泉州特支的领导，派沈玉泉任特支书记。7月，泉州特支并入中共晋南县委。夏秋间，沈玉泉调到安溪，任中国工农红军闽南游击队第二支队副支队长。

1934年10月，中央红军开始长征，敌人加紧围攻安南永德苏区和游击队。他们在围剿的同时，加紧搜罗叛徒，分化瓦解革命力量。为应付日益严重的时局，中共安溪中心县委于 1935 年 7 月 7 日召开紧急扩大会议，提出"巩固组织、开辟新区"的任务，决定把红二支队化整为零，分散活动，沈玉泉带领 30 多人，开赴永春达埔一带，开辟永德游击区。

敌人侦知"七·七"会议情况后，对游击队围追堵截，国民党十六旅还发布禁令，凡与游击队接触、报信及给予资助者，均"立处死刑"；设立所谓自新事务所，关押革命者家属；对游击队出没的山村，焚毁民居，强行移民并村。1935 年 8 月，敌人在达埔一带大肆烧杀抢掠，并强迫 2000 余民工砍伐山林，妄图使游击队无隐蔽之所。28 日晚，沈玉泉在达埔的一条山沟里惨遭叛徒暗杀，牺牲时年仅 25 岁。

张　连

（1919—2017年）

　　张连，原名林绿竹，参加革命工作后化名张连。1919年生于安溪县龙门镇龙门村。小学毕业后升入集美中学，1937年，他从事党领导下的抗日救亡工作，1939年秋加入中国共产党，1942年主持恢复安（溪）南（安）永（春）边区党的工作。南委事件后，按党组织要求，到建阳暨南大学读书。在校期间，积极发动学运，并发展党的组织。1946年4月回到厦门，被派往台湾建立党的组织。1946年10月回上海暨南大学复学，参与领导学生运动，被上海党组织任命为"全国学生抗议美军驻华暴行联合会"（中国学联前身）常委、宣传部长。翌年7月回到厦门，再次东渡台湾，领导建立了中共台湾工委。1947年冬，罗林、陈华被捕叛变。1948年元旦，张连在台发现革命者被捕，立即设法转移有关人员，他迅速转移到上海。之后，根据华东局指示，张连和林文芳到香港找中共香港分局负责人乔冠华。

　　张连、林文芳召开转移到香港的闽西南白区党的各地负责人会议，决定回闽南恢复党的组织，开展武装斗争。经香港分局同意，成立中共泉厦临工委，张连任书记，统一领导闽西南白区党组织。在香港分局的支持下，泉厦临工委与闽南地委接上组织关系。

　　1949年春，泉厦临工委进驻安溪长坑，以龙门为依托，以长坑为中心，在安永德山区开展游击战争。同年 4 月 18 日，中共安溪中心县委成立，取代泉厦临工委，县委书记陈华，县委副书记张连。中心县委发动群众开辟游击区，建立安溪人民游击大队和安南同人民游击大队。6 月 8 日，成立中国人民解放军闽粤赣边区纵队第八支队第四团，张连任副政委。

中华人民共和国成立后，张连历任德化县委书记兼永春县长，晋江专区副专员、地委副书记、专员，福州军区对台办、省委对台办专职副主任，省地质局副局长，省科委副主任、顾问，1985 年至 1992 年任省顾问委员会常委。

2017 年逝世。

张其华

（1926—　）

　　张其华，原名李映华、李培成，福建省惠安县人。曾就读于獭江小学、集美中学高中21组、集美水产航海学校高13组。1947年1月毕业于集美高中。1946年5月加入中国共产党。1947年6月任晋江石狮侨批业职员，为当地革命筹集经费。1948年2月转香港达德学院经济系学习。同年返回石狮，仍以侨批业职员身份为掩护，积极筹集革命经费和传递革命书刊。1949年5月至10月先后担任过安溪县区委书记、安溪中心县工委委员、游击大队和八支队第四团军需部主任、安溪县工委书记兼安溪县政工作团团长，负责主持与解放军会师和组织上千人参加支前。

　　1950年开始担任陈嘉庚秘书达11年之久。其间兼任过统战部科长、集美学校委员会副主席、集美学校党委书记。1961年起先后担任中共厦门市统战部部长，市政协秘书长、副主席，厦门市副市长，厦门经济特区管委会副主任，同时兼任建设发展公司董事长、总经理，香港集友银行常务董事，香港华闽有限公司副董事长。1988年被派往香港任奥厦公司董事长。1993年参与筹建香港厦门联谊总会并担任驻会副理事长和福建同乡会、福建体育会等多个社团的顾问、常务理事。1996年被聘为集美大学常务董事，从1961年起先后任福建省政协二、三、四、五、六、七届委员。1996年6月离休。

张克辉

（1928—   ）

张克辉，原名张有义，中国台湾省彰化人。1942年在台湾彰化高级商业学校学习，1947年在台湾师范学院学习。1948年8月跨过台湾海峡，就读厦门大学经济系，同年11月加入中国共产党。

1949年4月，为了迎接全国革命的胜利，厦大已有300多名学生分批进入游击区。张克辉与厦大11名学生一起，进入安溪游击区。他们乘船到集美，再乘坐货车到安溪龙门。

安南同临时县工委书记林文芳带领游击队到龙门车站迎接张克辉一行。党组织把他们安排到安溪各地。张克辉被安排在龙门龙美目场山村。

张克辉很快就适应在偏僻农村山区的游击队生活。4月下旬，中共安南同临时县工委决定袭击国民党龙榜镇公所。26日晚，游击队开会部署袭击的方案，会后凌晨4时，张克辉和游击队员一起，包围了龙榜镇公所，由打入内部的镇丁和炊事员悄悄开门，张克辉等游击队员迅速冲入镇公所，敌人全部被俘，龙门警察所的敌人闻声逃跑。游击队共收缴长短枪20多支。清晨，游击队打开粮库，将10万多斤谷子发放给贫苦农民。这是张克辉第一次参加的战斗，并取得了胜利。

4月29日，成立安南同边区游击大队，下辖3个中队，张克辉任第一中队指导员。5月3日，游击大队及民兵500多人攻打官桥镇公所，张克辉率领的第一中队也随大队攻打官桥镇公所。经过三天三夜的围攻战斗，敌人终于投降，6日解放官桥镇。翌日，国民党县自卫队派兵前来反扑，张克辉带领队员与敌人交火，西坪游击队前来增援，敌人才被迫撤退。

5月8日，中共安溪中心县委和安溪游击大队开会部署，集中包括安南同游击大队在内的全县游击队兵力攻打安溪县城，10日解放县城。张克辉在县城见到厦门大学的同学，大家都为接受了一次战斗考验而感到自豪。5月17日，敌省保安二团进行反扑。张克辉和政工人员撤出县城，连续两天夜行军，张克辉回到龙门。

6月8日，中共安溪中心县委在长坑召开了中国人民解放军闽粤赣边区纵队第八支队第四团成立授旗授印大会。张克辉被任命为八支队第四团独立第十四连连长，后任副指导员。从6月到8月，敌人多次进犯安南同边区的龙门及南安英都、翔云等地，张克辉多次带领十四连战士与敌作战。8月底，张克辉和游击队再次向龙榜镇发起进攻，敌人看到大势已去，仓皇逃跑。

中华人民共和国成立后，张克辉先后任安溪县人民公安队指导员、县公安局股长，福建省委统战部干事、组长，省政协副秘书长，省侨办及外事办副主任，省台盟主委、台联副会长。1982年至1991年任福建省委常委、统战部部长，省对台办主任，省政协副主席、社会主义学院院长。国务院台办副主任。1991年起任全国台联会长，台盟中央副主席、主席，第五届、七届全国政协委员，第八届全国人大常委会委员、全国人大内务司法委员会副主任委员，第九届、十届全国政协副主席。

陈凤伍

（1907—1933年）

　　陈凤伍，化名雷震动，海南文昌人。陈凤伍从小学文习武，高中时加入了中国共产党。1926年参加北伐战争，担任过排长。蒋介石叛变革命后，他离开北伐军回海南开展革命活动。后遭敌人通缉，他奉组织命令于1929年去马来西亚，参加马共领导的革命活动，被当局驱逐出境。党组织重新委派他到福建漳州参加游击队工作。

　　1932年3月，为开辟安南永德红色苏区，把漳州游击区和泉属游击区连成一片，中共厦门中心市委派陈凤伍到安溪负责游击队工作。那时安溪已成立游击队，但力量弱小。4月初，安溪、永春游击队在佛仔格土楼正式整编为闽南工农游击队第二支队，陈凤伍任支队长。第二支队成立后首战攻打金谷的护路局（也叫"烟苗局"），缴获曲九枪1支、驳壳枪4支、银圆400多元。

　　接着，陈凤伍在上级党组织领导下着力整顿改造游击队。他首先将游击队内部的土匪清除出去，公布游击队的纪律，同时在斗争中吸收贫苦农民参加游击队，并对队员进行思想纪律教育和军事政治训练，使第二支队不断壮大，成为一支纪律严明、思想觉悟较高，在闽南地区具有较强武装战斗力量的革命队伍。

　　成功改造游击队后，陈凤伍执行中共安溪县委决议，带领游击队全力扫除民团、股匪和土豪劣绅。1932 年 4 月，开赴蓬莱逮捕并公审枪决恶霸；5 月，镇压黄口匪首和芸美地痞，击毙美滨恶霸；8 月 1 日，围攻国民党蓬莱区公所（新丰土楼），将反动民团长在彭墟店中的浮财没收分给贫苦群众；8 月 14 日，夜袭蓬莱上智炮楼，击毙恶霸；8 月底，镇压蓬莱匪首……

10 月，敌人疯狂进攻安溪元口、佛仔格等根据地，陈凤伍带领第二支队转战永春，开辟了永（春）德（化）新区。11 月，中共安溪县委升格为中共安溪中心县委，统一领导安南永德的革命斗争，陈凤伍升任中心县委常委，参加中心县委领导工作。1932 年冬，陈凤伍奉命率领第二支队在永春镇压了一批土豪地霸、大恶霸及地头蛇。

当时第二支队除暴安良的革命斗争在整个安南永德影响很大，群众称二支队是"雷公队"。周边乡村的群众在其影响下，革命热情高涨起来，周边乡村普遍建立了农会、赤卫队。

经过一年多的磨炼，第二支队不断壮大，成为闽南地区一支非常有影响的武装力量。1933 年 5 月 1 日，第二支队在安溪贞洋召开成立周年纪念大会。会上，游击队被正式命名为"中国工农红军闽南游击队第二支队"（简称红二支队），陈凤伍为支队长，李实为政委。

1933 年 8 月 24 日，安南永德第一个区级苏维埃政府——官桥区革命委员会成立。陈凤伍主持成立大会。会后，他在登虎榜关帝庙墙上挥笔写下对联"瘴气乌烟染世界，热血扫平净光明"，抒发了他心中打碎旧世界、建立光明灿烂的新世界和为共产主义事业奋斗到底的革命豪情。8 月 25 日，安南永德苏维埃政府成立，标志着安南永德的革命斗争进入了一个新阶段。

1933 年 9 月 8 日，在"青云楼事件"中，陈凤伍等人被捕。敌人对陈凤伍等人施行各种酷刑，但陈凤伍英勇顽强、坚贞不屈，他用木炭在牢房的墙壁上写下诗句："众人在狱中，言语不相通，同是一日死，革命再成功！"鼓励狱中的同志斗争到底，献身革命。9 月 17 日，陈凤伍等 5 人在凤冠山上英勇就义，年仅 26 岁。

陈 体

（1894—1934年）

陈体，字孝山，绰号"打鸟体"，福建省安溪县金谷镇东溪人。1927年冬，陈体在游猎中，结识了中共永春特支党员颜国泰，颜国泰经常带他到东溪一带秘密宣传革命，传播革命火种。在永春党组织帮助下，陈体开始在东溪一带秘密开展革命活动，发动农民开展抗租抗税斗争。1928年春夏间，陈体被永春党组织吸收加入中国共产党，成为中共永春县委较早在安溪发展的党员。随后，陈体又把进步青年陈仲琪、郑世泽、陈孝言等介绍给永春党组织，分别发展为党团员。

1929年夏初，东溪党团支部成立，陈体任书记，党员3人，团员1人。这是永春县委在安溪早期发展的党团组织。东溪党团支部成立后，有力地促进了这一带革命形势的发展。他专心致志于革命工作，依靠组织的力量，首先在东溪的深洋、同榜、龙坑建立农会，并担任深洋村农会主席。他利用到各地印砖瓦之便，广交农友，利用打猎作掩护到东溪的后岸、寨仔、龟后、官岭、苏坑、后寮等边远村落，以及安溪的镇抚，南安的大演、蒌荇，永春的大山、圳古、鸟石等山村，宣传党的主张，揭露国民党军阀的腐败，团结贫苦农民。由于他积极活动，1930年至1931年，东溪及其附近的乡村普遍建立起农会组织，开展了抗捐、抗税、抗租、抗债、抗粮的斗争。

为了实现党的革命目标，抗击民团、股匪的骚扰，推翻乡村封建地主政权，争取农民的翻身解放，陈体积极筹建农民武装队伍。1930年秋，在东溪和佛仔格农民武装的基础上，建立了安溪游击队，队长李世全，副队长陈体，队员11人，有4支长短枪和数把刀器。这支队伍和永春游击队后来成为创建安南永德革命根据地的武装基础。是年冬，陈体带领安溪游击队，在永春游击队的配合下，包围东溪祠堂，击伤"议事会"头目、专替国民党当局征收捐税的劣绅等2人，在安南永德边区影响较大，当地的土豪劣绅纷纷外逃，东溪一带革命斗争更加蓬勃地开展。

1932年3月，中共厦门市委派陈凤伍等军政干部到安溪，加强对安南永德边区武装斗争的领导。陈体积极协助陈凤伍等整顿队伍，组建闽南工农游击队第二支队，开展游击战争，全力以赴投入安南永德苏区的创建。1933年8月25日，安南永德苏维埃政府在东溪成立，陈体被推选为苏维埃政府土地部部长。

1934年1月，安南永德苏区人民开展土改分田斗争，陈体任县抗租分田委员会主任。他夜以继日，深入各乡村，发动群众，讨论分田方案。3月2日深夜，陈体在东溪的大坪村落召开筹备分田会议后，在回家路上被反动民团跟踪，到家后和其妻洪润一起被捕，惨遭杀害，为革命献出了宝贵的生命。

陈仲琪

（1909—1935年）

　　陈仲琪，又名陈传黎，福建省安溪县金谷镇人。是安溪有史料记载的第一位共产党支部（中共东溪支部）书记。先后任中共安南永特区委组织委员、东溪区委书记，安南永德苏维埃政府副主席。

　　陈仲琪9岁在本乡聚英小学就读，后来考取泉州西隅师范学校。1928年秋，陈仲琪师范毕业后，受聘为聚英小学校长。

　　1929年3月，陈仲琪被党组织吸收为中共党员。他与陈体等一起，在东溪的同榜、深洋、龙坑等村庄秘密组织农民协会和农民武装，担任中共东溪支部书记，领导贫苦农民开展抗租税、打土豪劣绅的革命活动，并从教师、农民中吸收先进分子入党。

　　随着安南永边区革命斗争的日益发展，1930年冬，中共安南永特区委成立。翌年3月，陈仲琪任组织委员。1932年11月，随着革命形势的进一步发展，中共东溪区委成立，陈仲琪担任书记。1933年8月25日，安南永德苏维埃政府在东溪成立，陈仲琪被推选为副主席。安南永德苏维埃政府的成立，标志着安南永德苏区正式形成，进入鼎盛时期。1933年9月"青云楼事件"发生后，安南永德苏维埃政府主席李剑光担任中共安溪中心县委代理书记，苏维埃政府的工作由陈仲琪负责。

"青云楼事件"后，国民党一八一旅及安南永三县地方武装数百人，对苏维埃政府所在地东溪发动大规模军事"围剿"，陈仲琪不顾个人安危，组织带领苏维埃政府警卫队、各村赤卫队应对周旋，保护群众生命财产安全。敌人曾利用其同学、民团长出面利诱劝降，许以高官厚禄，均遭到其严词拒绝。

1935年3月12日，敌人探知陈仲琪在东溪的苏坑、大岢一带活动，即派兵将其围捕。在狱中，任凭敌人利诱酷刑，他始终坚贞不屈。4月26日，陈仲琪在安溪县城英勇就义，时年仅26岁。

陈金銮

（1912—1935年）

陈金銮，又名陈耀銮，安溪县金谷镇人。东溪是安溪较早爆发革命的地方。1929年夏初，这里就建立了党团支部。陈金銮在团组织的教育、帮助下，逐步懂得了穷人贫穷的根源所在。他痛恨旧社会，积极地参加革命斗争。1932年，陈金銮由陈古风介绍加入共青团组织。

此后，陈金銮曾到东溪苏坑、金谷乌土等地组织农会、妇女会，发动农民群众进行抗租、抗捐、抗税斗争，鼓励妇女反对封建压迫，争取自身解放。他的革命活动严重冲击当地顽固势力。当地敌人威胁、恐吓农会会员，要他们退出农会。为扫除革命障碍，反击敌对势力的进攻，1933年春，受组织指派，他和一位游击队员一起到安溪芸美，惩戒了反动土豪郑查，鼓舞了农民的斗志。

陈金銮具有高度的革命警惕性。1933年7月的一天，有个外地人路过东溪深洋，他见此人鬼鬼祟祟，觉得十分可疑，便上前盘查。此人自称永春达埔人，是从厦门返达埔的。陈金銮示意身边一位熟悉达埔情况的同志，向那人查问达埔的情况。那人支支吾吾，答非所问。陈金銮看出了破绽，即行搜查，在其腋下搜出了一封密信。原来此人是国民党十九路军派往达埔联络合剿东溪的联络员。得此情报，陈金銮和其他领导同志立即组织群众，连夜撤往山上。第二天凌晨，果然有大批敌人前来围剿。可是，村子已是空的，敌人一无所获。

1934年，陈金銮担任共青团安溪中心县委委员；1935年，任共青团安溪中心县委组织部长。他忠诚于党，把革命事业作为自己终生的奋斗目标。亲人们看他年纪不小了，多次劝他结婚成家，他总是说："革命成功再成家！"即使在革命遭到严重挫折的情况下，他仍然对胜利充满信心。

1935年夏，国民党加紧对安南永德革命根据地进行政治、军事围剿，一些革命基点村相继失守，有些干部消极动摇。面对严峻局面，中共安溪中心县委提出"巩固组织、开辟新区"的方针，决定分开行动，开展游击战争。7月，陈金銮等一批游击队员及县委干部，在红二支队长尹利东、副支队长沈玉泉率领下，挺进永春进行游击活动，但遭到敌人围追堵截。8月下旬，沈玉泉惨遭叛徒暗杀牺牲。陈金銮等8人与尹利东失去联系，在返回安溪，途经永春圳古时，又遭敌人袭击，当场被掳去6人，仅陈金銮等2人脱险。9月23日，陈金銮等2人辗转到达安溪与永春交界的磨石坑时，又遭遇叛徒和民团的袭击。陈金銮在战斗中不幸中弹昏了过去。然而，他一苏醒过来，又立即从地上爬起来，咬紧牙关还击敌人，后又连中数弹，壮烈牺牲。

陈庚申

（1930—1949年）

陈庚申，又名林子敏，福建省晋江县安海人。1947年秋考进厦门大学。之后参加了地下党领导的学生运动，在运动中得到了锻炼。1948年10月，他加入了中国共产党，担任过党支部委员。

1949年4月初，正当城工部和闽西南厦大党组织积极领导全校开展抗议南京"四一血案"、实行"三罢"（罢课、罢教、罢工）的时候，传来了闽浙赣省委宣布"解散"城工部的消息。陈庚申和城工部的所有同志一样，坚信自己是真正革命者。经与闽西南厦门党组织联系，取得支持，他随同闽西南地下党同志进入安溪游击区。临行前，他向挚友表示："我将用实际行动来证明自己是一个真正的布尔什维克！"

进入游击区，他果然用自己的行动实践了自己庄严的誓言。1949年4月底，他到达了地下党与游击队的交通站——安溪赤岭蓝溪中学。在官桥开展宣传工作，发动群众。5月8日，安溪人民游击大队包围安溪县城，他是英勇战士之一。10日凌晨开始攻城，经5个小时激战，解放了安溪县城。12日成立安溪县人民民主政府。他坚决服从组织分配，单枪匹马勇敢地去执行任务，在蓬莱区金谷乡收缴乡公所的枪支。

5月16日，省保安二团进行反革命反扑，安溪人民游击大队决定暂时撤离县城。陈庚申与大队总部一时失去联系，不幸落入敌手，囚禁在金谷乡乡公所。敌人对他严刑拷打，他威武不屈，大义凛然。敌人暴跳如雷，把他五花大绑，用铁丝穿过手掌，押赴区公所。17 日，陈庚申被杀害在彭圩附近。当晚，群众偷偷买来棺材，把他安葬在区公所后山上。后立起一块木牌，上书"共军烈士"，以示对这个不知其名的"共军烈士"崇敬的悼念。

陈乃昌

(1910—2004年)

陈乃昌，别名罗光，福建省安溪县龙涓乡人，出生于印度尼西亚。5岁时回祖籍地福建省安溪县龙涓乡新岭村，在家乡读私塾和小学，1924年至1927年在福建厦门集美师范求学。

早在1924年，陈乃昌就同罗明、邱泮林、刘瑞生、罗扬才、李觉民等人，在集美学校创建国民党左派组织"福建青年协社"，并创办《星火周报》。1926年，他参加革命工作后，带领一支十多人的宣传队，回安溪县宣传孙中山的"三大政策"。1927年，蒋介石在上海发动"四一二"反革命政变，大肆逮捕屠杀共产党人和革命群众，全国笼罩在白色恐怖的险恶环境中，他却在当年6月毅然加入了中国共产党，树立只有中国共产党才能挽救革命、领导革命的坚定信念，矢志为共产主义事业奋斗终生。

陈乃昌参加革命工作后，长期从事党的地下工作和进步学生工作。1928年8月在上海大陆大学工作。1929年5月在中共厦门市委工作。1933年4月受党的委派，回原籍安溪开展农民武装斗争，不幸被国民党军逮捕，经党组织和进步华侨营救获释。1933年5月赴上海参加工人运动，担任上海纱厂总工会宣传部部长。1935年赴日本从事进步文化工作，并参与党的有关地下工作。1936后回国，任上海《大公报》

特约记者，从事党的秘密活动和统战工作。

抗日战争爆发后，陈乃昌一直在周恩来等领导同志的直接领导下，从事党的地下工作和对国民党上层有关人员的统战工作，受到周恩来、叶剑英等领导同志的称赞。当时周恩来任国共合作时期的国民党军事委员会政治部副部长，郭沫若任政治部三厅厅长，陈乃昌从1938年起，被党组织派任三厅宣传部，负责宣传工作，同时兼任在周恩来、邓颖超、郭沫若直接关心呵护下组建的孩子剧团的指导员。

在跟随周恩来同志的岁月中，陈乃昌常常得到周恩来的教诲。1938年的一天，周恩来在三厅对陈乃昌说："你是集美学校的学生，应该可以和陈嘉庚先生通信吧！你现在的宣传工作岗位，正好可以通报团结抗战的情况，寄点宣传书刊给嘉庚先生，他会欢迎的。你在信中要写清楚你是集美的学生。"1940年陈嘉庚率南洋华侨回国慰劳考察团到达重庆，蒋介石安排住嘉陵宾馆，地处依山傍水，戒备森严，尽管如此，陈乃昌还是设法三访陈嘉庚。陈嘉庚因病在北京治疗，陈乃昌曾多次去看望陈嘉庚。

陈乃昌在从事党的秘密工作的同时，还以笔为枪，配合我党对敌斗争的需要，撰写了大量批判汉奸媚日卖国，反对帝国主义侵略，拥护支持抗战的文章，主要有《关于反战》《反托派》《揭露日本田中首相秘密奏折侵占满蒙论》《社会法西斯主义论》《论苏德战争》《欧洲民族解放运动与反希特勒法西斯战争》《贺郭沫若五十寿》等，在社会上和文化界产生了较大影响。

抗战胜利后，陈乃昌继续从事党的秘密工作。遵循周恩来副主席的指示，坚持隐蔽的工作方针，机警沉着，积极进行工作，继续打进国民党高层机构为党工作。他先后兼任上海大夏大学、复旦大学、震旦大学的教授，以这些公开的身份秘密为党工作。

上海解放前夕，陈乃昌担任敌伪汉奸珠宝及有价证券清理处负责人，当收缴和妥善保护敌伪汉奸逆产及金银财宝、阻止其被国民党运往台湾作出重要贡献，使大量被敌伪逆侵占的财产重新回到人民手中。他团结民主进步人士，创办并主编《真理与自由》杂志，传播革命思想，揭露国民党反动派反民主、反人民的丑恶面目。他同时参与组建中国民主建国会和九三学社的工作。

中华人民共和国成立后，陈乃昌先后担任上海市军管会房地产管理处处长和上海市财经委员会委员，负责房地产工作，协助查明并修缮了中国共产党第一次全国代表大会会址。1953年调北京任民建中央宣教处处长，民建第一、二届中央委员，第三、四届中央常委，第五届咨询委员会常委。

1954年，陈乃昌调任中共中央统战部处长，1960年任中共中央编译局研究室主任。1961年调到中国国际贸易促进委员会工作，后任该会顾问及国际商会顾问。1993年离开工作岗位后，享受国家机关部长级医疗待遇。他是全国政协第五、六届委员、侨务委员会委员，曾多次到香港开展工作。

2004年逝世。

八画

林 壁

（1911—1935年）

　　林壁，福建省安溪县魁斗镇凤山村人。1932年，闽南工农游击队第二支队（简称第二支队）来到凤山村活动时，林壁秘密配合游击队发动群众抗租抗捐，贴标语、撒传单；同游击队、群众一道，袭扰敌人，破坏敌人的通讯设施，砍电杆、割电线。是年10月，林壁参加了闽南工农游击队第二支队。

　　1933年5月，第二支队正式命名为中国工农红军闽南游击队第二支队（简称红二支队），林壁任红二支队第二大队副大队长。"青云楼事件"发生后，为加强战斗力，红二支队各大队作了调整和充实，林壁任第二大队大队长。

　　1934年7月中旬，红二支队开赴安溪岩山活动时，遭到张长明、陈凤远所部反动武装800余人分5路的进犯。林壁在支队长尹利东指挥下，率第二大队参加了岩山反击战。他带领两个班抢占岩山尖制高点，迎头痛击企图占领岩山尖的许全甫民团；另派一个班冲到奇观，阻击陈凤远民团渡河。他们击溃了敌人的多次进攻，最后同一、三大队合力追击蓬莱区长李孝长所率匪兵，一直把敌人赶到区公所新丰土楼。

1934 年 7 月，安溪县保御团第二中队谢辑熙部，窜扰贞洋，破坏夏收。26 日，红二支队为保卫贞洋的土改成果，由尹利东带队攻打贞洋谢辑熙部。林壁率队担负主攻，直插敌人驻地贞洋中堀，先消灭敌人的前哨班，接着又炸死寨仔尖土楼里的敌人，然后与兄弟大队一起合攻谢部主力驳壳排。红二支队重新夺回贞洋根据地，保卫了农民夏收的顺利进行和土地革命的胜利成果。

贞洋大捷不久，林壁又带领队员参加永春达埔羊角战斗，取得了毙敌 20 多人的胜利。1934 年 9 月，红二支队在南安高田休整时，遭敌"安南永剿匪游击队"队长陈维金部包围。在尹利东指挥下，林壁率队同第一、三大队一起与敌人激战一天，毙敌连长 1 人，打死打伤敌人 30 多人。战后机智地突出险境，转移到佛仔格根据地。

同年 12 月，红二支队驻蓬莱芹山时，遭到国民党中央军、安溪县保安队以及地主反动武装共 800 多人分 4 路的围攻。林壁在尹利东指挥下，率领队员冒着枪林弹雨冲上岩山顶峰，阻击两股敌兵的多次进攻。

1935 年初，敌人纠集重兵向安南永德地区发动一次又一次的疯狂进攻，进行一乡又一乡的"清剿"。游击队组织各乡赤卫队在高山密林、险要路口伏击敌人。3 月间，红二支队在永春达埔仙洞山与敌中央军牛凤山营发生了一场激烈的战斗，林壁在战斗中负伤，和几位伤员留下隐蔽养伤。

1935 年 3 月 26 日，隐蔽在永春达埔山上养伤的林壁被叛徒带领的敌便衣队捕杀，牺牲时年仅 24 岁。

林师柴

（1906—1935年）

林师柴，福建省安溪县龙门镇人。1925年，他进入集美师范学校就读。1929年，林师柴从集美师范学校毕业，到南安高山小学任教。1934年春，林师柴与同班同学中共党员李纯青应安溪崇德中学聘请，前往长坑崇德学校任教。后由于民军内部发生混战，学校停课。李纯青返回厦门，林师柴也回到老家。

同年秋，林师柴就任龙门小学校长。同年11月，林师柴到厦门找李纯青，报告在龙门的活动情况和今后打算，李纯青及时向中共厦门中心市委汇报，并介绍林师柴参加革命的一些具体情况。经中心市委书记和李纯青介绍，吸收林师柴加入中国共产党。随后，中心市委主要领导人在鼓浪屿开会，特邀李纯青和林师柴参加，讨论龙门游击区的发展路线。会后，指示安溪中心县委派干部帮助林师柴开展工作。

1935年1月，中共龙门支部成立，林师柴任书记。厦门中心市委和中共安溪中心县委先后派干部到安溪龙门开展工作，建立中共安同南边区临时特别委员会，彭德清任书记，林师柴为宣传委员，下辖龙门、梧峰等支部。3月，中共安溪中心县委在南安诗山召开紧急扩大会议，会议决定，把游击队化整为零，分散活动，开辟安南同边区工作，扩大游击区域，并将中共龙门支部改为中共安南同特支，由林师柴任书记，并派刘由等协助领导工作。在红二支队第三大队大队长刘由帮助下，组建游击队，编为中国抗日义勇军西南军区闽南第二支队第五大队。同时积极发展党员，壮大农会、妇女会、互济会等群众组织，安南同边区工作蓬勃展开。同年夏，安溪中心县委又派红二支队政委彭德清率领一个分队加强边区游击队。林师柴在彭德清领导下，开展夏季抗租斗争，打击豪绅恶霸，收缴豪绅武器，引起地主豪绅的恐慌，反动当局大为震动。

9月间，原中共安溪中心县委领导人易培祥、张剑峰、郭港等相继叛变投敌，组织"铲共义勇队"，四处抓捕革命者。之后，在这些叛徒破坏下，敌人抓捕、杀害了中心县委宣传部长林多奉和安南同特支书记林师柴等大批领导干部、共产党员和游击队员。

1988年11月，全国政协常委、台盟中央评议委员会主席李纯青赋诗缅怀林师柴："死生本是寻常事，未识奸谋恨无穷。欣看红旗出大地，莫忘鲜血祭东风。"

林多奉

（1911—1935年）

林多奉，字有承，号鼎新，福建省永春县蓬壶镇西昌村人，是土地革命战争时期安（溪）南（安）永（春）德（化）苏区主要领导人之一。

林多奉小学学业成绩出众，在全县小学生会考中名列榜首，被誉为"一目两行，过目不忘"的神童。1927年秋季，林多奉转入南湖中学。当时有位老师经常向学生宣传新民主主义革命思想，林多奉阅读到《共产党宣言》等马列主义著作，经常与几个进步同学谈论时事，评议政局，思想境界不断提升，自觉投身到革命的洪流中。

1929年秋，林多奉从南湖中学毕业后，回到家乡任教，先后在西昌小学、壶中、锦斗、长坑等地任教，以学校为阵地向师生和周围群众宣传革命思想，积极开展地下革命活动，走上了为革命事业奋斗的道路。1930年秋，他光荣地加入了中国共产党。

林多奉能书善写，他不仅刷写标语，编写宣传材料，还翻印《红星》小报，深入调查研究，通过这些资料与文章揭露了当时土豪靠地租剥削致富、农民因受剥削而致穷的社会现状。农民由此受到启发，积极投入到土地革命的斗争中。林多奉为革命斗争争取了广泛的群众基础。

1932年4月，闽南工农游击队第二支队成立后，林多奉在永春达埔、锦斗等地，发动各村农会配合第二支队，开展除奸、斗霸、减租等活动。1933年5月，闽南工农游击队第二支队正式改编为中国工农红军闽南游击队第二支队（简称红二支队），根据中共安溪中心县委的决定，林多奉于同月领导组建了永春特区特务队，配合红二支队，广泛地开展武装斗争。

1933年9月，安溪"青云楼事件"发生后，中共安溪中心县委改组，林多奉任中共安溪中心县委委员兼中共永春特区委书记。他足智多谋，作战果敢，深入发动群众，发展农会组织，建立赤卫队，配合红二支队，进行多次战斗，缴获敌人武器，壮大武装力量。1933年10月，林多奉带队在达埔击毙下乡催捐的粮差，之后又在岭边、东园等地打杀土豪4人，还破坏了敌人的交通通信设备等。

1934年2月起，林多奉任中共安溪中心县委宣传部长，致力于革命宣传活动。他还主动靠近群众，积攒革命力量。当时农村习俗中的丧事花销大，成为农民的沉重负担，为了激发农民革命激情，林多奉在西昌村发动了十几户农民，组织"丧事互动会"，义务互助办丧事，把原来烦琐的丧事办得既简朴又隆重，减轻当事者的负担。"丧事互动会"也就成为党团结群众的纽带。遇到山里孩子读书难，他经过串联发动，在当地创办了一所小学，没有教师，他就介绍老师去担任；没有教材，他就自己动手编写、油印课本，在教导孩子们读书识字的同时，传授革命道理。他的为民情怀，得到了当地群众的拥护，他因势利导发动群众进行抗租、分田斗争，掀起了高潮。

中央红军长征后，敌人纠集重兵，扑向安南永德苏区，形势十分险恶。1935年7月7日，中共安溪中心县委召开紧急会议，由尹利东、林多奉率红二支队到永春开辟新区，开展游击战争。林多奉带病坚持对敌斗争，几经苦战，敌我力量悬殊，为保存力量，队伍分路突围。两个月后，林多奉带队行至蓬壶镇仙岭村时，疟疾发作，只好暂住在一农民家。由于坏人告密，9月23日，林多奉不幸被捕。

林多奉被捕后，敌人妄想以此为突破口，进一步破坏地方党组织。他们先找来林多奉的同学故旧，企图引诱他"自新"，林多奉义正辞严，一一给予驳斥。敌人见诱降不成，就刑讯逼供，要他交代出组织和关系人的名单。林多奉凛然回答："与我一起活动的人，是我邀他们来的，由我承担，不累他人。"敌人气急败坏，遂以砍头相威吓。林多奉镇定地说："革命不怕死，怕死不革命。多奉为革命，头断志不移。""只要有革命存在，来生我仍然要投身革命。"

1935年9月26日，年仅24岁的林多奉在达埔后山慷慨就义。为了纪念这位宁死不屈的革命烈士，蓬壶镇美山村仙洞山脚下的烈士纪念碑上，镌刻下林多奉的名字。

林水芸

（1918—1949年）

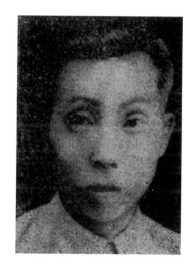

林水芸，福建省安溪县龙门镇人。1934年，林水芸就读龙门小学，新任校长林师柴与教师陈琼瑶、王安居等，以夜校为阵地，宣传革命，秘密组织农会，进行抗租等活动。林水芸因思想进步，被派到夜校任教。翌年春，安南同特支书记林师柴介绍他加入中国共产党。年底，敌人派重兵"剿共"。林师柴等被杀害，党组织指示林水芸进行隐蔽活动。

抗日战争爆发后，林水芸与在龙门开展抗日救亡运动的青年林火枝、林降祥等取得联系，继续从事抗日救亡活动。以林火枝为首，包括林水芸等5人组织"党的同情小组"，开展抗日救亡运动。他秘密串联原农会会员，恢复龙门一带的农会组织，并在龙门、坑内、目场、横山、柏叶、炙坑、溪内、五里等地发展近500名农会积极分子，增强农会力量。同时恢复办夜校。1938年10月，中共龙门支部重建，并建立武工队，林水芸任队长。在龙美村目场开办造枪厂，生产土枪，翻制子弹，增添武器装备。

1939年春，龙门党支部根据中央关于白区工作的指示，实行"白皮红心"的白区工作方针，派林水芸等到龙门镇公所供职。1944年初，经党组织同意，他参加保长竞选，任龙山保保长。以保长身份从事地下秘密活动，直至抗战胜利。

1946 年 9 月，中共龙门区工委成立，林水芸任宣传委员。他采取各种办法发动群众，取得反征兵、反征粮、反征税的胜利，保护了群众的利益。1947 年 10 月，中共闽南特委（闽中地委）派宣传部长罗林到龙门召开安南同边区党员干部会议并成立中共安南同县工委和安南同边区武工队。林金狮任安南同县工委书记，林水芸任安南同县工委委员兼安南同边区武工队队长。12 月 10 日，林水芸派武工队在龙门桂瑶镇压地霸，保护了龙门一带党组织和同志的安全。

1948 年 12 月 26 日，林水芸带领 20 名武工队队员直奔南安县沙溪村，击毙曾杀死两名地下党员的地霸。为了清除南安福庭保长组织的防共巡逻队，1949 年初，林水芸带领 30 多名武工队队员化装上山打猎，借与敌人争夺猎物山羊，缴夺对方步枪 8 支、土枪 10 多支、子弹数百发，史称"打山羊事件"。

1949 年 5 月 2 日，林水芸等率领南路安南同边区游击大队及抗征队 300 多人，发动武装斗争。成立解放官桥前敌指挥部，林水芸为指挥部成员。在围攻官桥镇公所和督察所时，林水芸率队沿公路冲上制高点，进行包抄，6 日解放官桥，俘敌官兵 120 多人，缴获轻机枪 1 挺、长短枪 120 支。8 日在仙苑与北路游击队汇集，准备攻打安溪县城。紧接着，游击队在击退国民党县政府派援官桥的自卫队后，即分兵两路：一路解放安溪县城，一路由林水芸带队往南安英都、仑苍，阻击泉州、南安增援安溪之敌。林水芸闻安溪县城解放，转攻英都，5 月 15 日解放英都。

由于长期游击战争的劳累，林水芸积劳成疾。在 5 月 22 日第二次进军南安，解放英都邻乡后的归途中，他突发高烧，不肯就地休息，坚持随部队跋山涉水返回龙山，不幸被捕。8 月 14 日被押赴龙门刑场，英勇就义时，林水芸年仅 31 岁。

林降祥

（1915—1992年）

　　林降祥，又名林青、梁奕林、林贞民，印尼归侨，福建省安溪县龙门镇龙门村人。在家乡及集美就读小学和中学。1931年，日本侵略我国东北三省，正在集美水产航海学校就读的林降祥，出于抗日爱国的热情，积极参加该校学生"反对日本帝国主义侵略，要求收复失地"的罢课示威活动，并参加了集美学校"学生抗日义勇军"。由于反动的国民党当局镇压破坏，"学生抗日义勇军"组织被迫解散。之后，他先后就读于集美商业学校、集美水产学校、复旦附中、广西大学、复旦大学和上海北子路英语补习学校，其间因从事革命活动，又多次被学校无理开除。

　　1936年，林降祥在上海参加了中国共产党领导下的"学生救国会"，从此开始了为中华民族的解放和共产主义事业而奋斗的革命生涯。1937年"七七事变"后，抗日战争在全国开展，他根据地下党的指示，回到福建安溪龙门老家，发动农民参加抗日活动。

　　回到龙门后，林降祥就和林成茂、林清辉、白宗兰、林水芸，在龙门三角潭边正式成立了以林成茂为组长的"5人领导小组"（后称"党的同情小组"），开展抗日活动。

　　为了适应开展武装革命斗争的需要，林降祥和"5人领导小组"

选择在偏僻的山村目场乡，秘密创办了一个简易的军工厂，以拆除桥梁上的钢筋和旧弹壳作为原料，生产制造枪支弹药。

1938 年，李毅然介绍林降祥加入中国共产党，10 月恢复龙门党组织，由李毅然担任地下党支部书记，朱道仁、林水芸和林降祥等同志任支部委员。

1938 年冬，国民党掀起反共高潮，龙门地下党组织在上级的领导下，坚持领导和发动群众，进行秘密斗争。1939 年初，林降祥以龙门地下党组织派张连以读书的名义，到内迁安溪的集美学校开展地下活动，团结有觉悟有决心抗日的爱国青年，逐步培养他们成为革命骨干和生力军。

中共龙门支部还根据当地的实际情况，选派林降祥、林水火、林文斋等同志先后打入龙榜镇公所，林降祥任副镇长。他们建立了"白皮红心" 两面政权，基本上掌握了镇公所的文书档案、交通电讯，控制了武装镇丁的活动，有利于地下党支部开展工作，也为以后攻取龙榜镇公所打下基础。

太平洋战争爆发后，根据党中央的指示，闽西南地下党组织为了适应新的斗争局面，在放手扩大漳、泉、厦地区地下党活动的同时，决定把一些身份可能暴露的同志转移到其他地方去。这时，林降祥奉命离开龙门家乡，辗转前往东南亚，在海外为党的革命事业继续工作，龙门地下党支部的工作经上级批准由张连负责。

林降祥离开龙门家乡后，首先前往新加坡，在那里参加了"星洲华侨抗日宣募队"；1942 年秋，又转到印尼爪哇，在当地创建和领导了 "印尼泗水民族解放抗日大同盟" 并担任该同盟总部组织部长。

1945 年，抗日战争胜利后，印尼宣告独立。但英军随即对印尼发动了一场战争。在此期间，林降祥为支持印尼人民抗击英帝国主义的反侵略斗争，发动和组织了"华侨临时战地服务团"，担负前线救伤和粮食运输工作，并参与组织爪哇市民罢市、学生罢课，举行示威游行。

同年，他着手创办进步侨报《南侨日报》并任社长职务。

1946年夏季，由于荷兰侵略者攻占印尼，《南侨日报》与许多侨团侨报一同被查封。在严峻的形势下，林降祥转而以经贸活动为掩护，通过变卖家产等方式筹款，先后在椰城和泗水等地创办了"祥兴公司""大华公司"并担任总经理。在这一时期，他积极开展"救济香港文化人"运动和支援新加坡创办《新华三日刊》、资助雅加达《新生活报》等进步刊物的爱国民主运动，为支援祖国的解放战争、促进华侨大团结和建立海外统一战线做了许多有益的工作，在当地华侨社会中产生了一定影响。

林降祥于1952年5月回国，任中华全国归国华侨联合会第三届委员会委员、第四届委员会名誉委员，中国侨联办公厅副主任。

1992年12月30日在北京逝世。

林敬平

（1924—1997年）

林敬平，原名林清安，福建省安溪县龙门人，中共党员。就读集美中学和高级水产航海学校。毕业后由地下党组织安排在龙门溪内国民学校任教，后来安排他就读高级水产航海学校，毕业后安排在龙门小学任教。1945年1月加入中国共产党。1946年9月随着龙门地区党组织的进一步发展，中共闽南特委特派员张光主持成立中共龙门区工委，林敬平任书记，下辖5个支部。

1947年5月，国民党派兵要抓捕林敬平没抓成，即将其父亲抓走。党组织立刻安排林敬平到台湾开展工作，在台南市任教。不久因内部有人被捕叛变，林敬平随即回厦门，翌年3月往上海，进入苏北军区司令部任机要书记。1949年4月参加渡江解放上海，任上海军事代表。回福建后，任福建省革命大学秘书主任。

1950年4月，为解放金门，任省前方办事处同安总站站长。1957年7月，任安溪县县长。从1960年11月起，先后任闽侯地委海防部副部长，平潭县委书记兼革委会主任，莆田地委海防部部长。1978年9月，任福建海洋研究所党委书记。1980年9月，任福建省水产厅副厅长。1984年8月离休。

1997年3月，林敬平在厦门市逝世。

林文芳

（1916—2015年）

　　林文芳，又名林伍，出生于印尼，福建安溪县龙门镇龙山村人。长大后回国求学，小学毕业后就读于集美师范、集美农林学校。1938年在龙门参加半斋读书会，宣传抗日救亡，参加演剧活动。1942年7月在龙门镇公所当联保干事时加入中国共产党。

　　1943年秋，党组织安排梁新民、林文芳等打进国民党军统特务组织闽南第三通讯处。林文芳为通讯员，秘密进行革命活动，掌握镇公所的文书档案、交通电讯，控制镇丁的活动，掩护党组织开展工作。

　　1944年夏，为防备日军进攻安溪，党组织决定加强武装力量，通过镇长李志扬向县政府备案，成立"抗日警备大队"，大队长李志扬，副大队长林文芳，政治部主任张连。各保中队长、指导员均由党组织安排，全大队500多人，并进行训练，成为地下党控制的武装力量。

　　1946年，龙门地下党组织贯彻实施"白皮红心"的战略，党组织得到进一步发展。当时龙榜镇镇长空缺，地下党组织通过上层人士推荐，由共产党员林文芳任龙榜镇副镇长，并代理镇长，林文荐任副镇长，并成立中共龙榜镇公所特别支部，林文芳任书记。

　　龙门地区党组织实施"白皮红心"两面政权策略，取得显著成效。

担任国民党代理镇长的共产党员林文芳，用软磨和硬抗的方法，巧妙应对国民党征兵、征粮、征税的斗争。

1946年10月，新任县长王道纯亲自带队，特地到龙榜镇督查征粮，抓了数百名老百姓，仍然所获无几，这让他有损面子，难以收场。于是他就在众人面前脱下鞋子，打了镇长林文芳一下嘴巴。之后催账之事便不了了之，群众称赞"镇长受了一点辱，农民免交万担粮"。

1947年9月，林文芳当选为龙榜镇镇长。县长王道纯以龙榜镇抵制征兵为由，把镇长林文芳以及保长、保队副共20多人押到县城，把镇长林文芳作为罪犯，押进监狱关禁，其余个个剃光头，作为壮丁送到新兵招待所。最后通过社会上层人士、县参议员、镇民代表会主席、三青团县分团负责人等出面交涉，县政府不得不全部释放被抓的人。林文芳为了百姓的利益受苦受罪，但最终还是取得胜利。

闽南地委根据闽粤赣边区党委的部署，认为安南同党组织已具备武装斗争的条件，于1947年10月成立安南同县工委和武工队，林文芳仍任龙榜镇镇长及镇公所特别党支部书记。当年12月，由于叛徒出卖，安南同县工委领导人被捕，林文芳立即离开龙门。

1948年3月，林文芳和林敬平等5人前往上海，由张连召集抵沪的10多人探讨出路。经请示上海市委，同意保送从台湾和闽南转移到上海的同志到解放区工作，并指示张连、林文芳回闽南继续开展革命活动。

当年4月，张连和林文芳由上海市委介绍抵达香港，经请示香港分局同意，召集在香港的地下党人，在九龙香岛中学成立中共泉（州）厦（门）临时工作委员会，统一领导闽西南白区党组织，张连任书记。

1948年10月，林文芳受泉厦临工委派遣，回到安溪龙门开展工作。11月3日召开安南同边区党员干部会议，传达泉厦临工委的意见，发动群众开展游击战争，成立中共安南同临时县工委，由林文芳任书记。

1949年4月26日，安南同临工委书记林文芳，部署解放南安福庭保。28 日解放龙榜镇。29 日，林金狮传达安溪中心县委决定，建立中共安南同县工委，以代替临工委，林金狮任书记，林文芳任组织委员。建立 300 多人的安南同游击大队，林文芳任大队长。

林文芳又先后参加解放官桥、安溪县城的战斗。1949 年 6 月，长泰县黄文炳统领的武装愿意投靠共产党。经闽南地委批准，黄文炳率部到龙涓，收编为八支队第四团第七营，林文芳担任教导员。

中华人民共和国成立后，林文芳历任安溪龙城区区长、县文教科副科长、司法科副科长、泉州第五中学副校长及第七中学校长、安溪县委文教部部长、华侨大学化学系副主任、华侨大学图书馆科长、永春北碇华侨茶果场革委会副主任等职务。

2015 年逝世。

林金狮

（1927—2015年）

林金狮，化名曾民，福建省安溪县龙门镇人。1941年秋到集美中学求学，积极参加进步学生运动。1944年春，受中共地下组织委派任安溪溪内国民学校校长，参加地下革命活动。1945年12月加入中国共产党。

1946年春，担任中共闽南特委联络员的林金狮，接受党组织的安排，再进集美中学读高中，以读书为掩护，开展学生运动，并任学生时事研究会主席。同年秋回安溪龙门，担任地下党组织的联络员。1947年5月，他被派往闽西游击队学习，10月回到龙门，担任中共安南同县工委书记。同年12月，因叛徒出卖被捕。他在狱中仍然坚持革命斗争。

1949年1月26日，中共安南同临时县工委派时任龙榜镇镇长的共产党员林文荐，到泉州通过上层人士营救林金狮出狱。林金狮被救出狱后，就直奔设在长坑的党组织，由党组织安排他担任安漳华工作队队长，负责开辟潘田、桃舟及漳平地区革命根据地的工作。

4月15日，国民党安溪县民团副团长、自卫大队大队长李敬慎，率一个中队和一个独立分队共200多人进犯长坑。4月26日，林金狮受命带领潘桃乡抗征队，到长坑参加围攻李敬慎部的战斗。翌日，安溪中心县委派他回龙门，立即组建安南同游击队，进行武装暴动，牵制增援内安溪的国民党政府的兵力。

4月29日，林金狮召开安南同干部会议，介绍内安溪革命形势，根据安溪中心县委的指示，建立中共安南同县工委，代替安南同临时县工委，林金狮任书记。增调各村抗征队组建游击队。5月2日建立安南同边区游击大队，大队长林文芳，政委林金狮，下辖3个中队，共300多人。之后，林金狮参与解放官桥和安溪县城、南安英都等的战斗。

5月18日，安溪中心县委在翔云召开安南同县工委扩大会，调整扩大安南同县工委领导成员及组织。林金狮任安南同县工委书记。

6月8日，"中国人民解放军闽粤赣边区纵队第八支队第四团"在长坑召开成立大会暨授旗、授印。八支队第四团下设4个营，16个连和1个独立第十四连，林金狮任独立第十四连连长。领导反击保二团多次"围剿"的战斗。

中华人民共和国成立后，林金狮任安溪县常备大队参谋，后进入中国人民解放军高等军事学院深造。曾任晋江军分区、华东军区驻广州情报站、福州军区参谋等职。享受厅级离休待遇。

2015年逝世。

周　蜡

（1906—1949年）

周蜡，福建省安溪县虎邱镇竹园村人。1949年春，中共竹园支部发动群众抗"三征"，组织游击队时，周蜡积极报名参加，后成为新康独立游击中队队员。5月上旬，参加攻打官郁土楼的战斗。接着，又参加安溪县城第一次解放的战斗。他是一位勇敢的战士，每次战斗都是冲在队伍的前列。在解放县城的战斗中，不幸中弹壮烈牺牲。

郑种植

（1922—1996年）

　　郑种植，福建省晋江市安海镇人。1942年5月加入中国共产党，积极参加学生运动，开展抗日反顽斗争。1945年5月任中共泉州中心县委挺进工作队成员（安溪县工委委员），与许集美一起在安溪龙涓庄灶（庄山）开展工作，发展党的组织。同年7月建立中共庄灶支部，党员5人。抗战胜利后，奉命到厦门工作。先后任中共厦门工委负责人、中共泉州中心县委委员、中共晋江县工委负责人、闽中支队泉州团队副政治委员兼政治部主任等职。配合许集美、朱义斌组织领导游击武装攻打安海，组建泉州游击队挺进安（溪）南（安）永（春）边区，在南安县与闽中游击队会师后，挺进戴云山。参加南安山门的突围战斗。参加组织指挥泉州武装劫狱。认真总结泉州地区党的建设经验，训练干部，开展游击战争，与南下大军胜利会师。

　　中华人民共和国成立后，历任晋江行署民政科长，晋江地区专员公署侨务局长，中共晋江地委统战部副部长、部长，晋江地委委员等。1957年9月任中共泉州（县级）市委第一书记、1964年8月至1966年8月、1981年10月至1985年6月任福建省社会主义学院副院长等职。

　　1996年3月，在福州病逝。

九画

柯 丙

（1903— ？ ）

　　柯丙，福建省厦门人。初为码头工人，后做油漆工。1927 年加入中国共产党。同年在厦门总工会任纠察队长。"四一二"反革命政变后失去联系。1929 年恢复在厦门工作，第二次党的代表大会当选为省委委员。在厦门码头工作。后到泉州巡视，到安溪工作，创建党的组织。于 1930 年成立中共安溪县委，有领导成员三人，党员数十人。但不久因县委同志在搞兵运时不慎暴露，惨遭破坏。因此，这条由中共福建省委派省委委员柯丙到安溪创建党组织的路线最终没有被恢复。

洪遂明

（1912—1981年）

洪遂明，又名洪辛、洪茶。福建省安溪县凤城镇人。早年就学于乡村师范，毕业后当过小学教员、小职员。1940年3月加入中国共产党，并担任永春养正小学闽中党支部宣传委员。1940年夏，泉州中心县委派洪遂明回安溪开展组织活动，成了闽中党组织进安溪的第一位党员。洪遂明以教员身份为掩护，与陈忠恒、侯如海合作做青年学生工作，并暗中打进内迁安溪的集美学校，联络进步学生，发展群众关系。1941年1月被正式介绍到集美学校图书馆任管理员，为团结、教育和培养青年学生提供了更为有利的条件。洪遂明重视利用图书馆这个阵地和管理员的权利，把握时机，开展对师生的教育工作。一方面增购进步的、革命的书刊，一方面利用借阅书籍的职便，观察、了解阅读对象的爱好和思想动态，对师生进行思想教育。洪遂明还经常用笔抨击国民党当局，1942年7月，在《安溪新报》"抗战建国五周年纪念特刊"上发表题为《三点愿望》的文章，呼吁当局实行政治改革，做到政治进步；为国家独立，民族的生存，要团结一致；愿官老爷们切实节约，俭能养廉。1943年3月起，洪遂明与安南边区特派员叶文霸密切配合，通过传阅进步书籍和刊物，向青年宣传马列主义，开展抗日活动。8月，叶文霸被捕后，洪遂明遭敌人怀疑和监视，处境十分困难，但他仍利用合法身份，开展党的工作，传播马列主义，引导青年走革命道路，为闽南地区党组织输送青年干部。

1945 年 4 月，泉州中心县委抓紧打通闽西通往闽粤赣边区交通线，连接闽中与闽西南党组织的关系，许集美、郑种植、施能鹤按预定计划进入安溪开展活动。他们在县城与洪遂明会面，了解情况后，共同商议今后活动及具体分工，洪遂明继续负责集美学校工作，同时在洪家设立交通站。6 月至 8 月，在集美学校发展党员后，恢复了党支部，党员 6 人，洪遂明任书记。9 月，抗日胜利后，集美学校搬回集美学村，成立集美学校工委会后，洪遂明任委员、书记。1946 年底，由于组织受破坏，他离开集美到上海，担任泉州中心县委派驻上海的特派员。1947 年底起，他先后在浙南游击区、泰顺县委以及福鼎县委、省直属机关党委工作，任劳任怨，积极工作，表现出一个共产党员的高尚品质。1953 年 9 月起，他从事教育工作，历任福建省建筑工程学校、厦门五中、厦门六中领导，尽责尽力，为国家培养人才。他的一生是革命的一生，他是青年的良师益友，是优秀的教育工作者。

1981 年 7 月，洪遂明在上海病逝。

施能鹤

（1921—2007年）

施能鹤，福建省晋江县安海镇人。初中毕业后任乡村小学教师8年。在这期间接受党的教育并参加抗日救亡宣传活动。1942年6月加入中国共产党。曾任安海青年支部书记，晋江第一工委负责人。1945年4月参加根据闽中特委决定成立的挺进工作队（安溪县工委），任委员。1946年2月任闽中厦门工委委员。8月调任泉州中心县委委员兼安（溪）南（安）永（春）工委书记。1947年5月18日在安溪被捕，先后在安溪、晋江监狱被关禁1年零39天，在狱中联络被捕党员，组成监狱党小组与敌人进行斗争。1948年6月28日经泉州游击队劫狱救出，出狱后开展泉州中心县委对厦门、海澄一线闽中地下党组织的联络工作。1948年9月与其他同志一道赴省委报告工作，被留在省委机关负责电讯室工作。1949年在江西省与解放军二野会师并随军到建瓯，担任福建公学教育主任、党支部书记。1949年与南下晋江地委领导班子到晋江，任地委秘书长兼第四军分区支前司令部秘书，11月调厦门，历任市委组织部干部科副科长，市政府劳动局长、秘书主任、"八办"主任。

1956年，施能鹤任厦门市政府副市长、第一副市长兼党组副书记，还曾任厦门市委常委、统战部长、工交部长。1984年任厦门市政协主席兼党组书记。1988年12月离休。

2007年逝世。

十画

莫　耶

（1918—1986年）

　　莫耶，女，原名陈淑媛，笔名白冰、椰子、沙岛。福建省安溪县金谷镇溪榜村人。自幼聪颖好学，被乡人誉为才女。

　　1932年，她随父居厦门，就读于慈勤女中，其习作散文《我的故乡》，曾被国文老师推荐在《厦门日报》发表，激发她的写作热情，开始向上海《女子月刊》投稿，多被采用。国文老师组织她和几位同学创办《星火》旬刊，创刊号上发表莫耶的小说《黄包车夫》，被其父陈铮看到后，父女发生冲突。1934年秋，离家出走，到上海《女子月刊》社当校对、编辑，后曾一度任主编。

　　1936年，上海女子书店的《女子文库》出版莫耶第一部著作《晚饭之前》（独幕剧集），署名陈白冰。《女子月刊》称她为"善写诗歌剧本的女作家"。同年11月，她回乡探亲，在家乡组织妇女识字班，动员其大嫂、二嫂出来教课，宣传妇女解放、男女平等，反对封建习俗。

　　1937年抗日战争爆发后，莫耶在中共上海地下党组织的"救亡演剧第五队"任编辑，其间写了抗日救亡剧作《学者》，同年10月到延安，从此更名为莫耶。

1938 年，莫耶进入鲁迅艺术学院学习，其间，她创作《歌颂延安》歌词，并由音乐系郑律成谱曲，在延安礼堂为毛泽东等中央领导演出，博得中央领导的肯定和称赞后由中央宣传部征得莫耶同意，更名为《延安颂》。于是《延安颂》的歌声响彻延安城，传遍各抗日根据地，甚至传到"国统区"和敌后，以及海外华侨中，成为一曲激励抗日爱国热情的战歌。

1938 年冬，莫耶加入鲁艺组织的实习队，跟随八路军一二〇师师长贺龙奔赴华北抗日前线。1940 年春任剧社创作组组长，同年加入晋绥边区文联，被推选为常务理事。其间，她除了与他人合作大型话剧外，还独自创作大型话剧《讨还血债》《百团大战》，独幕话剧《到八路军里去》，歌剧《荒村之夜》等和一批歌词、舞蹈。后还经常写小说和战斗故事。她创作小说《丽萍的烦恼》，抨击当时干部队伍中的不正之风，引起争议。同年 9 月被打成反党分子。1943 年整风审干中，由于家庭出身和那篇小说的原因，又受到审查批判。后由于贺龙关怀保护，才渡过难关。1944 年春，莫耶调晋绥军区政治部《战斗报》当编辑、记者，经常深入前线，写了大量战地通讯和战斗故事。1947 年整党整军的"三查"运动中，再次遭批判斗争，还被禁闭。

1948 年秋，莫耶随《战斗报》被调回延安，跟随第一野战军进军大西北。1950 年任西北军区《人民军队》主编，后任总编辑。同年加入中国共产党，入党后连年立功受奖。

1955 年，莫耶转业到《甘肃日报》社任副总编辑（总编辑由省委常委兼）。1956 年该报刊登了铁路职工张凌虚被官僚主义逼害得精神失常的事件，并发表社论。1957 年"反右"扩大化，莫耶因此被批判和降级处分。1962 年临时主持《甘肃日报》社工作。1965 年社教运动中，因历史旧账，又受到不公平的批判斗争。1966 年"文革"开始后，被关进"牛棚"，下放劳动，到 1970 年才被分配工作。1979 年在中央组织部关怀下，冤案得到彻底平反。后来出任甘肃文联副主席，相继创作电影剧本《战地火花》、中篇小说《青山夕照明》，编辑出版自选集《生活的波澜》和回忆老一辈革命家的文章。1984 年后，还写了《生命的搏斗》及一部散文集、一部故事集，并写自传体长篇小说《信念》的第一部《父与女》的初稿。她虽一生坎坷，但却表现了一位共产党员为真理而斗争的坚定信念。

1986 年 5 月 7 日，莫耶在兰州病逝。

翁成金

（1908—2011年）

　　翁成金，原名翁进煌，又名汪成金，福建省龙岩市北门人。1922年随父往厦门做小贩，后学做皮鞋手艺。1928年回龙岩从事鞋业。1929年龙岩成立革命委员会时，在鞋业工会任宣传委员，后任总工会常委兼组织科长。同年7月，加入中国共产党。1930年4月调共青团福建省委组织部工作，参加了"五二五"厦门劫狱行动和厦门市委领导的一些基层支部工作。1931年春，调任团省委巡视员，先后到过同安、泉州、石码、海澄、漳州、永春、德化、安溪等地巡视，传达省委"开辟游击区，创造新苏区"的指示。同年冬，到安溪作第二次巡视，后长期驻安溪，参与领导安（溪）南（安）永（春）德（化）地区的革命斗争。1933年5月，任中国工农红军闽南游击队第二支队政治部主任，10月起，任中共安溪中心县委执委。1934年8月，任中心县委秘书，同年12月，任安溪中心县委书记。1935年7月，改任中心县委组织部部长，8月仍任中心县委书记。同年10月，被叛徒抓捕后脱险，离开安溪。

　　中华人民共和国成立后，在龙岩工作至退休，2011年4月病逝。

郭 节

（1906—1932年）

郭节，原名郭云浓，福建省安溪县魁斗镇佛仔格村人。安南永德边区党组织和革命根据地的创始人之一。

郭节从小就接受良好的家庭教育，少年时代随亲属往马来西亚谋生。1927年4月12日，蒋介石公然背叛革命，大肆屠杀共产党人及革命群众，郭节怀着拯救中华民族的热切愿望，毅然于1928年回国。

郭节先到南安山后小学任教，1929年初，又转往永春夹际育才学校任教。当时，中共永春县委的组织活动已经发展到夹际一带，他在学校里经常接近进步教师，接受党的教育，进步很快。1929年秋，他加入共青团，1930年春夏间加入中国共产党。

他积极传播革命思想，秘密发展党的组织，建立儿童团、农会、妇女会等革命活动的群众团体，组建佛仔格农民武装。1930年秋，中共佛仔格支部建立，郭节任书记。之后，他开始组建农民武装队伍，而后建立了安溪游击队。

1930年9月间，中共永春县委派李南金（又名李果）到安溪的东溪、佛仔格等地开展安南永边区工作，同年冬，在东溪建立了中共安南永特区委员会，李南金任书记，郭节任宣传委员。1931年12月，中共安南永临时县委成立，郭节为委员。

1932 年 2 月，魁斗民团团长陈凤远带匪兵到佛仔格强砍树木，郭节带领群众据理力争，陈凤远命匪兵押走郭节。愤怒的群众将匪兵包围，郭节担心陈凤远会向群众开枪，毅然劝退群众，表示由他一人承担责任。郭节被押解到县警察局狱中关押。在狱中，敌人用尽种种酷刑，要他说出共产党秘密活动的情况，但他守口如瓶，保护了党组织和同志的安全。即使身在狱中，他也不忘关心、教导和鼓励难友。

1932 年 4 月 24 日，郭节在安溪县城就义，年仅 26 岁。生前著有《花鹃》一书。

郭子仲

（1908—1933年）

郭子仲，出生于福建省安溪县城，成长于南安蓬华镇山后村。1924年以优异的成绩考入厦门集美商科学校，其间经常接触进步师生，受到进步思想的影响。"五卅"惨案爆发后，因积极参与集美商科学校反帝斗争，被校方勒令退学。1926年转入厦门中山中学就读，并加入中国共产党。1927年，郭子仲到厦门寿山小学任教，以教师身份为掩护，积极开展秘密革命活动。他积极在青年中发展革命力量，推荐郭礽疆、叶启亨、叶启存3人加入共青团，同时建立"共青团厦门十三中学支部"。

1928年，郭子仲在厦门思明东路开设"鹭潮书社"出售进步书籍，传播新思想、新文化。后受党组织派遣，郭子仲回到家乡，办农民夜校、山后小学，传播马克思主义。1930年被迫离开山后小学，他到蓬岛小学任教，以教师身份掩护革命活动，成立"启智社""互济会"等。1930年初秋，郭子仲返回山后村，成立了中共山后支部，郭子仲任支部书记，并发展了多名党员。

1931年11月，中共安南永临时县委成立，郭子仲任临时县委委员。他经常深入基层发动群众，组织农会，成立安南永游击队，开展抗租、抗税、抗丁、抗粮斗争，先后在山后、蓬岛、华美等地镇压土豪劣绅

10多人，巩固和发展了革命根据地。1932年4月，中共安溪县委成立。1932年11月，安溪县委升格为中共安溪中心县委，郭子仲任中心县委委员。

为了打击敌人的嚣张气焰，中共安溪中心县委决定镇压一批罪大恶极的反动头子。郭子仲根据中心县委的精神，在山后村领导农民协会开展反霸斗争，镇压了当地的土豪劣绅多人。1933年1月28日，他利用蓬岛街庆贺春节之机，在热闹的街头，机智伏击，击毙带着乡丁在街上耀武扬威的蓬华十三乡反动民团团长洪嘉论。

1933年2月4日，郭子仲经过一夜辛苦工作后，带着两名游击队员回到家里，被埋伏在附近的反动民团探悉。民团立即派人包围了郭家，郭子仲不幸被捕，关押在蓬岛碉堡。当夜，数百名愤怒的群众紧急聚集，准备围攻蓬岛碉堡，救出郭子仲，但未能成功。2月7日，中共安溪中心县委决定集中游击队配合农会开展营救，也没能成功。随后，郭子仲被押往南安监狱。

在狱中，郭子仲受尽严刑拷打毫不动摇、宁死不屈："如能出狱，继续革命！不能者，当效革命先烈，留取丹心照汗青！"1933年4月10日，郭子仲英勇就义，年仅25岁。

郭光灿

（1910—1937年）

郭光灿，福建省南安市蓬华镇山后村人，又名郭灿、郭独晃、郭石等，笔名丁英、鲁默。1910年，郭光灿出生于缅甸彬文那市。1928年回国，进入厦门第十三中学就读，后就读于集美中学，在集美中学他参加了共青团组织。

1930年8月，郭光灿回到缅甸彬文那市，与当地中兴学校校长胡亚夫一起负责组织华、缅青年联合会，作为推动华侨和缅甸人民团结反帝的机构，积极宣传华侨、缅甸人民的民族感情，并用中、缅两国文字联合发表民族团结宣言，寄给各报社及知名人士。

1932年春，华缅青年联合会遭破坏，英、缅政府当局逮捕了郭光灿，并将他驱逐出境。郭光灿携妻子和孩子回到厦门，不久，他与地下党组织联系上，在厦门职业学校以读书作掩护，负责共青团的工作，是年6月，郭光灿担任共青团厦门中心市委书记。

1933年"福建事变"发生时，郭光灿改名郭独晃，在厦门职业学校积极组织同学参加"反帝大同盟"，出版了《晨光》壁报，开展宣传工作，还指导基层团组织开展活动。其间，他还以丁英的笔名，为厦门团市委刊物《团的武器》撰写了大量文章。

1934年11月，中共厦门中心市委召开革命活动分子大会，与会者约 30 人。由于厦门中心市委组织部长被捕叛变，厦门党组织遭严重破坏，郭光灿因此暴露了身份。为隐蔽起见，他受组织委派，以特派员的身份到安南永德苏区巡视指导工作。同月，厦门中心市委进行改组，郭光灿被选为中共厦门中心市委执委。

1935 年秋，国民党第九师进驻泉州，加紧对安南永德苏区进行疯狂的"清剿"。在斗争十分尖锐的时刻，郭光灿以厦门中心市委特派员的身份到安溪，召开安溪中心县委扩大会议，研究和制定了对敌斗争新策略，并改组安溪中心县委，他任书记。

1935 年冬，斗争形势十分险恶，郭光灿在厦门隐蔽伺机活动。他与故友、厦门《星光日报》社社长胡资周协商后，到《星光日报》的副刊《星星》当校对，以此为掩护继续开展革命工作。为了革命斗争需要，他化名鲁默，于 1936 年春，与郑书祥、克里（曾逸梅）等一起成立"实艺研究社"，继续开展革命宣传活动。

在长期的地下斗争中，郭光灿积劳成疾，于 1937 年 4 月突发重病，医治无效，为革命献出了年轻的生命。

十一画

黄福廷

（1908—1933年）

　　黄福廷，又名黄智廷，广东省高要县人。1932年在国民党十九路军担任排长时，他曾积极参加上海"一二八"抗战。由于蒋介石采取"攘外必先安内"的不抵抗政策，迫使十九路军停止抗战，撤离上海到福建"剿共"，黄福廷十分愤慨。后来，黄福廷所在的一八一旅被派往安南永德"剿共"。在红色区域，他耳闻目睹红军游击队与人民的鱼水关系，深感共产党深得民心，决意投奔红军游击队。

　　是年冬，黄福廷带一名士兵执行任务后回到安溪金谷营地，饥寒交迫，疲惫不堪，长官竟不给饭吃。他心头顿时燃起了愤怒的烈火，决心不再为国民党卖命，随后参加红军游击队。

　　黄福廷到了游击队后，游击队领导热情地同他进行交谈，鼓励他继续进步。在领导和同志们的关心、帮助下，他领悟了革命道理，懂得了红军宗旨，进步很快。他枪法很准，又平易近人，因此，大家都很愿意向他学军事。不久，他被任命为红二支队军事教官。1933年春，黄福廷加入了中国共产党。

　　1933年5月1日，闽南工农游击队第二支队被正式命名为中国工农红军闽南游击队第二支队，下辖的中队提升为大队，黄福廷被任命为第二大队大队长。在这次会上，黄福廷发表了题为《倒回枪头推翻资产阶级的囚徒》的热情洋溢的讲话，希望旧军队的士兵认清敌友，把枪口对准真正的敌人——帝国主义、地主资产阶级、国民党。

黄福廷英勇善战，在战斗中总是冲锋在前，勇敢杀敌。1933年6月，他在贞洋曾参与击退敌人一个排的多次进攻，掩护乡亲们安全转移。

1933年7月，中共安溪中心县委决定黄福廷任红二支队副支队长兼第二大队大队长。同月下旬，敌人对安南永德进行全面"清剿"，妄图镇压革命群众，扑灭革命烈火。中共安溪中心县委立即采取应急措施，将红二支队分为三队，分头骚扰打击敌人。黄福廷带领第二大队在官桥等地领导和配合特务队、赤卫队，加强乡村布防，实行赤色清乡，打退敌人进攻，保卫夏收斗争的胜利成果，巩固中心区域。经过一个多月的斗争，红二支队粉碎了敌人的"清剿"。

黄福廷智勇双全，群众中至今还流传着他智取民团枪支的佳话。1933年8月，红二支队驻扎在岱山石竹庙时，探悉洣溪陈子模买了11支枪办民团，每星期都请十九路军为他们擦洗枪支。石竹庙离洣溪不远，红二支队经过一番周密的调查研究后，决定巧夺枪支。这一天，民团长陈子模去达埔开会，黄福廷利用从十九路军携带过来的军装、钢盔、驳壳枪、手榴弹，化装成十九路军士兵，大摇大摆地走向陈子模民团驻地，假意要为民团洗枪。同时派出10多名游击队员埋伏在民团驻地周围。民团兵看到来人是十九路军士兵模样，即把枪支集中起来交给他。他接枪后，趁敌不备，发出秘密信号。说时迟，那时快，埋伏在周围的游击队员随即冲了进去，吓得民团兵目瞪口呆，游击队就这样巧妙地夺了9支枪。

正当红二支队取得节节胜利的时候，1933年9月发生了"青云楼事件"，黄福廷与陈凤伍等中心县委和红二支队领导干部13人不幸被捕。在狱中，黄福廷等受尽了非人的折磨。面对敌人轮番审讯，软硬

兼施的诱降、逼降，他大义凛然，始终坚贞不屈，用各种方式顽强地
与敌人抗争到底，表现了共产党人的英雄气概和高尚的革命气节。9
月中旬，由于敌人反复施行惨无人道的酷刑，这位坚强的共产党员在
刑具上壮烈牺牲，时年 25 岁。

黄 英

（1908—1934年）

　　黄英，又名黄鸿英，绰号“大目黄”，海南岛人。黄英早年在家乡海南参加革命，并加入中国共产党。海南革命失利后，组织上让他去马来西亚。在马来西亚，他千方百计寻找党的组织，接上关系后，继续进行革命活动，后被英殖民当局驱逐出境，来到厦门。1932年，他接受中共厦门中心市委的委派，到安溪加强县委和游击队的领导工作。

　　同年11月，中共安溪县委升格为中共安溪中心县委，黄英任中心县委委员。他文化程度较高，经常在安溪中心县委机关刊物《安溪红旗》半月刊上发表文章。

　　1933年5月1日，闽南工农游击队第二支队正式命名为中国工农红军闽南游击队第二支队（简称红二支队），下辖的中队提升为大队。7月，黄英任参谋长兼第三大队大队长。

　　1933年9月“青云楼事件”后，中共安溪中心县委在安溪佛仔格召开县委扩大会，认真分析这一事件发生的原因及其教训，调整充实了中心县委和红二支队的领导成员。黄英任中心县委宣传部长，并任红二支队代理支队长。

　　其间，中心县委估计敌人会来进犯东溪红色政权，决定把队伍分作4队，分散在东溪边境，以便在敌人进攻时，保护农民上山，并厉行"清野"计划。敌人曾联合安南永三县民军，分作多路进行总"围剿"，妄图将革命力量一网打尽。然而，敌人的"围剿"队伍还未进村，四面八方就响起钟锣声，农民群众扶老携幼全部上了山。早已埋伏好的游击队在黄英等人的率领下，四处向敌人开枪，打得敌人不知所措。经过多次较量，游击队打退敌人的进攻，同时也保护了群众的利益。

1934年1月，尹利东接任红二支队支队长，黄英仍任参谋长。其时，黄英带领游击队开赴永春，在洑溪主持召开有千余群众参加的公审大会，处决了3个罪大恶极的反动分子。

1934年5月25日拂晓，为消灭安溪芸美反动民团，营救被捕的游击队员，县委派黄英率领200多名游击队员，分三路袭击芸美李守固的反动民团。一路从芸美山下包围民团副李束的住宅，一路从番保林包围民团驻地，另一路从溪里三落控制尚芸至芸美的通道。攻打李束家的队伍首先到达，正准备进攻时，被驻守在对面楼上的民团发现。李束即带护兵4人冲回住宅，关紧大门。黄英见状，便组织队员猛攻，从破晓时分打到早晨7点多，没能攻入。于是，他组织队员抱来柴草，打算火攻。这时有一队员受伤，只好退到屋后。不料，狡诈的敌人爬上楼房，揭开屋顶，突然向游击队射击。正在指挥战斗的黄英，不幸胸部、腹部连中数弹，壮烈牺牲。黄英牺牲时，年仅26岁。

黄协荣

（1928—1949年）

黄协荣，祖籍福建省龙海县角美镇石美村。1928年11月7日出生于菲律宾，1933年随兄回乡。少时在石美小学就读，1947年2月，进入党活动比较活跃的省立厦门中学高中部读书。1947年秋，国民党军队侵占实验小学校舍。在地下党领导下，掀起了"驱赶宪兵、收回校舍"的斗争。他参加了罢课、到市政府静坐请愿等活动，迫使国民党军队撤出学校。1948年4月，黄协荣加入中国共产党。

后来，党组织在安溪、南安、永春等地开辟游击区，开展游击战争，决定分期分批输送党员到游击区去，黄协荣主动向党组织提出到游击区去的要求。1949年4月24日，黄协荣同陈庚申等10多位地下党员离开厦门到游击区去。5月初，黄协荣和另几位战友在接受官桥土楼里的敌人武器弹药时，被救援的敌人包围，他临危不惧，沉着应战。官桥战斗结束后，他不负党的委托，多次往返于龙门与厦门交通线，护送厦门地下党员进入安溪参加武装斗争。

5月16日，省保安二团突然包围安溪县城，游击队员和机关干部紧急撤退，黄协荣来不及撤退而被捕。在被关押的41天里，他被打得死去活来，始终没有吐露一点党组织和游击队的秘密。6月26日，敌人残暴地用铁线穿过黄协荣的双臂押赴刑场，壮烈牺牲。

梁长智

（1930—1949年）

梁长智，福建省南安市翔云镇翔云村人。

1944年，梁长智小学毕业，进入南安县立中学（今南安一中前身）就读。梁长智的二哥梁长裕早年积极参加党组织的革命活动，在他的影响下，1946年起，梁长智开始参加党的地下活动，担任翔云地下党与龙门地下党的专职交通员。

梁长智的父亲生前在翔云圩做糖果、糕饼很有名气，因此，翔云地下党组织决定安排梁长智以糕点小贩的身份为掩护传送党的机密文件和密信。

1947年10月，闽南地委决定成立安南同县工委和安南同边区武工队。为更好地建立武装力量，县工委派出梁长智等人，前往闽南游击区乌山汇报工作，同时学习电台收发报技术。途经南靖交通站时，由于叛徒出卖，他们遭到省保安二团袭击，不少同志被捕牺牲。年仅16岁的梁长智凭借过人的胆量逃出敌人的重重包围，机智地躲过一路上的盘查，辗转从南靖回到安溪龙门，向党组织报告出事经过，又连夜赶回翔云，向区委作详细报告。

为躲避敌人的追捕，党组织决定将梁长智转移到长泰当学徒。1948年3月，安南同县工委决定让梁长智到同安一家商店当学徒，伺机与上级党组织取得联系。当年8月，安南同县工委和翔云区委派梁长智到翔云侦探敌特活动情况，梁长智受命打入翔云圩一家药店，以学徒身份为掩护，侦察敌人的行动。其间，南安国民党刑警队几次潜入翔云，都被梁长智及时发现并发出紧急信号，使党组织免遭破坏。

1949 年 1 月，中共泉厦临工委决定以龙门为依托，以长坑为中心，在安（溪）、永（春）、德（化）、漳（平）地区开展武装斗争。在安溪长坑白石开办游击队训练班，梁长智被选为游击队总部通讯员，负责来往于安溪长坑与南安、同安之间，传递消息。

1949 年 5 月初，中共安溪中心县委领导安溪游击大队进攻安溪县城，安南同游击队同时也在进行解放安溪官桥的战斗，梁长智奔波在安溪县城与官桥、蓬莱三地间传达信息。5 月 4 日凌晨，官桥的国民党军残敌据守官郁土楼负隅顽抗，安南同游击队围攻持续了数日仍没有攻下，便决定派人去蓬莱取炸药爆破，强攻土楼。梁长智自告奋勇领取这一任务，与另外 4 位同志从官桥赶赴蓬莱取炸药。5 日，他们携带炸药，从蓬莱返回官桥途中，经乌东格白沙亭时，与敌人发生遭遇战，梁长智等 5 位同志战至弹尽，壮烈牺牲。

梁长智牺牲后，安南同县工委报请中共安溪中心县委批准，追认其为中国共产党党员。

粘文华

（1905—1987年）

粘文华，化名茅颐、连鸿元，福建省泉州市浮桥镇人。1927年1月加入共青团，任厦门总工会（筹备会）组织部长。1930年5月转为中共党员。曾任厦门店员总工会理事长、店员党支部书记，中共厦门市委组织部长、代书记，中共福建省委委员、常委等职。参加了厦门"五二五"劫狱斗争。后作为厦门工人代表出席在上海召开的中共六届三中全会扩大会议。1931年后任中共泉州特支书记、中共晋南县委书记、中共厦门中心市委驻安南永苏区特派员、中国工农红军闽南游击队第二支队政治部主任、中共安溪中心县委执委、组织部长等职。1936年7月往新加坡，任新马抗日后援会党团书记，领导华侨抗日斗争，被英殖民当局驱逐出境，为新马抗日"四君子"之一。1938年9月回到泉州，投入泉州抗日救亡活动，任晋南联乡抗日自卫团政治部主任。后调往中共福建省委职工部工作，兼任中共闽江工委委员、职工部部长，在城镇工人中发展党组织，建立地下交通线。解放战争时期，任中共闽中地委委员、中共惠安县工委书记、中共闽浙赣省委职工部副部长。

中华人民共和国成立后，历任建瓯军管会交通处长、厦门军管会职工部部长、中共厦门市委工委书记、厦门市总工会主席、福建省海员工会主任、省总工会副主席等职。担任过中共福建省委候补委员、监委委员等职。是第二、三、四届福建省政协常委。

1987 年 3 月 20 日病逝。

梁新民

（1918—2003年）

梁新民，又名梁允作、黄心平，福建省南安市人。1936年就读于漳州龙溪简师时，参加地下党外围组织——读书研究会，积极参加抗日救亡活动。1939年秋加入中国共产党，在安溪龙门地区执行党的"白皮红心"策略，打入敌特机关、"三青团"等组织，掌握敌情，保卫组织安全。曾任安南同党组织负责人、安南同县工委宣传委员、边区军委主任、边区游击队大队长兼政委。

中华人民共和国成立后，历任中共南安县委委员、副县长，福建省第一届人民代表大会代表，晋江专署侨务局长等职务。

2003年逝世。

十二画

彭德清

（1911—1999年）

　　彭德清，曾用名彭楷珍、陈国华，福建省同安县（今厦门市同安区）人。1922年入学。1926年在同安参加农民协会，1927年加入共青团，1930年转入中国共产党。

　　土地革命战争时期，历任共青团同安县委宣传部长，泉州特支书记、惠安县委书记，中共晋南县委（特支）书记、靖和浦边区中心县委书记、同安县委书记、闽南工农红军游击队第二支队政委等职。

1932年9月，组织领导了攻打马巷税契局的斗争，扩大了党在群众中的影响，领导游击队转战晋南游击区和安南永苏区进行反"围剿"斗争，参加了艰苦卓绝的三年游击战争。1935年"七七会议"后，继续在安南同边区打击敌人，配合安南同特支设法打通晋南路线，开辟晋南同游击新区。战斗足迹遍及闽南各地。抗日战争时期，彭德清历任闽南抗日义勇军独立大队大队长、新四军二支队连指导员、教导总队二大队教导员、团政治处主任、第七团政委兼团长、苏浙军区第三纵队副司令员等职。解放战争时期，历任苏中军区三旅旅长，华东野战军第十二师师长，第三野战军二十二军、二十三军副军长等职。

中华人民共和国成立后，参加抗美援朝，任志愿军二十七军军长。1955 年被授予海军少将军衔。曾任东海舰队副司令员兼福建基地司令员、政委和交通部副部长、部长等职。他是中国人民解放军杰出的军事指挥员，中共十二大、十三大代表，中顾委一、二届委员，中共十四、十五大特邀代表，中国航海学会理事长。

1999 年 6 月 10 日在北京逝世。

傅有智

（1911—1933年）

傅有智，又名傅友智，福建省安溪县蓬莱镇登山村人。

1911年8月20日，傅有智出生在登虎榜（现为蓬莱镇登山村），从小随父兄到厦门鼓浪屿普育小学和厦门市同文书院（同文中学）学习。

1929年秋，傅有智在学校里加入了共青团，走上革命道路。第二年，他转为中共党员，负责同文书院共青团团支部工作。1930年5月4日，厦门赤色总工会成立，他被选为总工会执行委员会委员。

1930年5月，中共福建省委组织"厦门劫狱"胜利后，决定在厦门港渔行口广场举行一次打盐税局的飞行集会。由于信息泄露，国民党警察局派出大批侦探设下埋伏，开展抓捕革命人士行动。当时，傅有智刚好从上海出差回来，带着刚出版的党的刊物，经过集会现场时，与另外几名同志不幸被捕。敌人搜出刊物，对傅有智严刑拷打，于7月31日夜间将他绑往厦门打石字海滩枪杀。

敌人向傅有智连续开了5枪，所幸5颗子弹从傅有智身体穿过都没有打中要害部位。半夜苏醒后，他磨断绳索逃脱，冒险回到了老家安溪养伤。1932年4月，中共官桥区委建立，傅有智任书记。同年11月，任安溪中心县委委员兼官桥区委书记。

傅有智奉党组织命令在家乡发动群众，开展宣传，组织农会、赤卫队，发展党员，建立党支部。在中共安溪中心县委领导下，他还组织自卫队，配合红军游击队消灭地方的土豪劣绅和匪首。

1933 年，安南永德第一个区级苏维埃政权——官桥区革命委员会宣告成立，傅有智当选为革命委员会主席。官桥区革命委员会成立后，带领劳苦大众开展"五抗"和"减租减息"斗争。

1933 年，安南永德四县的革命形势迅猛发展，革命根据地日益扩大，引起敌人的恐慌。安溪反动势力狼狈为奸，进攻官桥区革命委员会，烧杀抢掠，傅有智家的房屋也没能幸免，被敌人一把火焚毁。

1933 年 9 月 8 日，安溪国民党当局通过混进红二支队的原民军副营长、股匪头目王观兰"邀请"红二支队领导和军事干部去蓬莱温泉村"商讨攻打股匪李振芳"的计划。由于未识破其中诡计，傅有智和当时的安溪中心县委、红二支队领导人李实、陈凤伍、李世全等人赶到温泉村。当天深夜，王观兰密令匪兵动手，傅有智等人被捕，史称"青云楼事件"。

9 月 17 日，在安溪县城凤冠山，傅有智等 5 名同志遭枪杀。这也是傅有智为了革命事业第二次赴刑场，牺牲时，年仅 22 岁。

温崇渊

（生卒不详）

温崇渊，1926 年 2 月，在福建集美学校加入中国共产党，负责学生运动和一部分职工运动。1927 年 2 月，负责厦门总工会青年工人与学生运动。4 月调漳州，受中共闽南临委派遣，往来安溪、南靖各处乡间，贯彻党的八七会议精神，开展革命工作，是较早到安溪开展党的活动的人员之一。后在龙岩被捕，出狱后，省委又调他到漳浦负责农民运动。1928 年 6 月往上海。

曾 奎

（1913—1948年）

曾奎，女，又名曾淑琴，福建省安溪县金谷镇金山曾厝人。1913年12月15日出生。1932年到安溪县委机关工作。同年夏天，加入中国共产党，之后任中共芸溪区区委委员。同年秋，参加共青团安溪县委在黄口内山举办的妇女干部训练班学习，进一步提高思想素质和工作能力。此后，曾奎密切配合党的中心工作，积极动员妇女为自身解放而斗争。耐心向妇女宣传革命道理，动员妇女积极支持共产党，支持红军。

1933年4月，曾奎任中共安溪中心县委妇女部长，遵照党的指示，不辞辛劳，四处奔忙，广泛开展妇女工作。接受党的委派，到各区巡视工作，先后到过永春特区，安溪的官彭区、黄口区、南安的金淘区、诗山区等地。7月，任中心县委委员；10月，任执委。在领导岗位上，曾奎注重培养妇女骨干，认真指导她们开展工作。1936年4月，安（溪）南（安）永（春）德（化）地区的党组织遭受敌人破坏后，曾奎跟随红二支队政委彭德清率领的部分干部、游击队员转战晋南、同安等地，继而转到漳州隐蔽活动。1938年春，新四军北上抗日后，因病无法随军行动，留在安溪坚持隐蔽活动，后与组织失去联系。

1948年10月18日，曾奎在安溪蓬莱岭南病逝。

谢高明

（1920—1997年）

谢高明，福建省安溪县城厢镇砖文村人。从小父母双亡，幸得叔父怜悯，叫去叔父家生活，让他就读小学。毕业后又为他找到省立晋江中学校长，让他半工半读。后因抗日战争爆发，学校内迁德化，他在叔父的支持下，回到安溪就读内迁安溪的集美中学。1942年高中毕业后，他考上迁到建阳的国立暨南大学，1947年3月毕业于该校教育系。

谢高明从小因家庭屡遭不幸，他立志刻苦求学，在集美中学的四年多期间，深受陈嘉庚爱国兴学精神所感动，他决心走陈嘉庚爱国兴学的道路。

1947年4月，谢高明到漳州省立龙溪中学任教，于1948年5月接受周兴民介绍，成为一名共产党员。1948年6月回到安溪，受聘到蓝溪私立中学任教。7月任蓝溪中学校长，秘密从事革命活动，发展党的组织。

1948年9月，以张连为书记的中共泉厦临工委，决定以龙门为依托，以长坑为中心，开辟安永德漳游击区，派林文芳、王新整回安溪，成立安南同县工委。王新整写信给谢高明，要他进内安溪，向王江岚等人士转达开展武装斗争的信息。

同年11月，王新整由香港返厦，通知谢高明往厦，决定由谢高明在官桥赤岭蓝溪中学发展党的组织，建立革命交通联络站。革命交通联络站仍由谢高明以校长身份为掩护，兼任联络站负责人。革命交通联络站的主要任务是负责接待、护送党团员干部、通讯、联络、传递情报以及购买和转送药品、革命书刊等工作。

1949年5月，安溪县城首次解放后，谢高明出任安溪县人民政府县长，进行民主建政。随后遭国民党省保安二团的突然袭击，政府机关撤出县城，迁往长坑。7月任中共安溪中心县工委执委、行政委员会副主任。9月，任安溪县人民政府县长，10月调整为副县长。

1950年后，先后任晋江专署文教科副科长、福州工农速成中学第一副校长、厦门师范学校书记兼校长。1953年秋至1966年任厦门市文教局副局长，1980年任集美师专书记兼校长，为教育事业作出了贡献。1986年离休，受聘为集美校友总会理事长、集美陈嘉庚研究会会长。

1997年病逝。

十四画

蔡振家

（1900—1933年）

蔡振家，又名蔡振奎，福建省龙海县海澄镇后厝村人。在母亲的支持下，他和弟弟蔡光宗一道参加党的地下活动。1928年加入中国共产党。11月，任中共海澄临时县委委员，协助上级党组织派来的谢景德、谢少萍开展海澄地区党的工作。1930年12月起负责海澄临时县委的领导工作，领导海澄人民开展抗捐抗税斗争。1932年4月，中央红军东路军进驻海澄后，蔡振家积极协助红军做好扩军、筹款和抗日宣传工作。5月下旬，中央红军回师中央苏区后，一度调往红军三团，后又调回厦门中心市委。

1932年，蔡振家奉派到中共安溪中心县委工作。1933年任中共安溪中心县委组织部长，后任湖头区委书记。同年8月30日，率红二支队到金谷山门打击反动分子时，遭保安队袭击，在指挥撤退时，不幸中弹牺牲。

蔡协民

（1901—1934年）

　　蔡协民，又名蔡杰，湖南华容人。1925年加入中国共产党。1927年8月参加南昌起义，先后任第十一军二十五师连政治指导员、第十六军四十七师一四〇团政治处主任。1928年1月参与领导湘南起义，4月率部到达井冈山会师后，任红四军第三十团、第三十二团党代表。1929年1月随军转战赣南、闽西，7月出席中共闽西党的一大，被选为中共闽西特委常委兼组织科科长。之后被派到中共福建省委工作，先后任省委军委秘书、省委秘书长、省军委书记兼福州市委书记。1932年毛泽东率东路军攻克漳州后任中共漳州中心县委书记、红三团总指挥。1933年7月调任中共安溪中心县委常委、秘书，指导安南永德苏区的政权建设和土改分田。1934年4月因叛徒出卖被捕，7月在漳州英勇就义。

　　1933年，蔡协民根据其在井冈山、江西苏区、闽西苏区多次参加土地革命的经验，结合安南永德苏区的实际，撰写了《怎样分田地》小册子（原件现保存在福建省档案馆），分发给县、区、乡各级干部学习。

　　蔡协民青年时期就读于湖南长沙第一师范学校，毕业后投入党领导的学生运动。1925年加入中国共产党。8月，党组织送他到广州参加第五届农民运动讲习所学习。毕业后回华容县开展农民运动。1926年2月，担任农民部长。1926年秋组织3000余人的农民义勇队配合北伐军作战。同年底，华容支部改为中共华容特支，任书记。

1927年3月，中共华容县委成立，蔡协民任组织部长。蒋介石发动"四一二"反革命政变后，蔡协民受到反动派通缉，党组织派他到武汉国民革命军第二方面军中工作。不久，他随军离开武汉抵达江西南昌。

南昌起义时，蔡协民任国民革命军第二十五师的连指导员。起义军撤出南昌后，他跟随朱德、陈毅所部从赣南经闽西到粤东，随后又转战到粤北、湘南一带。1927年底，他被派往湖南郴县开展革命活动，组织农民武装。1928年1月，蔡协民率领郴县农民武装参加朱德、陈毅发动的湘南暴动。4月率农民军到达井冈山会师，先后任红四军第三十团、第三十二团党代表，参加巩固发展井冈山革命根据地的斗争。

1929年1月，蔡协民随军转战赣南、闽西，2月任红四军第三十一团党代表。3月，第三十一团扩编为纵队，任第三纵队党代表兼中共纵委书记。6月担任红四军政治部主任，被选为红四军前敌委员会委员。7月下旬出席中共闽西党的一大，被选为中共闽西特委常务委员兼任组织科科长，与特委书记邓子恢、军委书记张鼎丞等人一起，领导闽西人民开展土地革命斗争。

之后，蔡协民被调到中共福建省委，任省委军委秘书，不久，调任省委秘书。1930年8月，任福建省行动委员会秘书长，11月，福建省行动委员会解散，党、团、工会等分别恢复，按原有组织系统开展活动，蔡协民任省委委员、秘书长。

1931年1月，蔡协民任省军委书记兼福州市委书记。3月25日，省委机关在厦门被敌特破坏，党、团省委和省互济会撤出厦门，迁到福州。省委代理书记王海萍到上海向党中央汇报，决定由蔡协民、曾志、董云阁建立临时省委机构，由蔡协民负责召集会议，开展工作。4月底，王海萍从上海回到福州，带回中央指示：在斗争环境极端恶化的情况下，临时省委机构撤销，原省委领导人以巡视员身份分别到各地指导斗争。据此，蔡协民到泉州一带巡视，指导革命斗争工作。

在白色恐怖笼罩下，蔡协民不顾反动军警、特务的搜捕，带病开展工作，使各地党的组织没有因省委机关遭破坏而失去联系。1931年7月，党中央决定福建省委暂不恢复，成立厦门和福州两个中心市委，分别领导闽南和闽东、闽北的斗争，任命蔡协民为福州中心市委书记。1932年1月，蔡协民调到厦门中心市委工作。3月，到惠安县领导和发动惠安群众开展抗捐斗争。

1932年4月，毛泽东率领中央红军东路军经闽西直下闽南，于4月20日胜利进入漳州。在中央红军和毛泽东的领导帮助下，闽南革命委员会在漳州宣告成立。同时，中共闽南特委改为漳州中心县委，蔡协民任书记，受中共厦门中心市委领导。在红军东路军的帮助下组建红三团，蔡协民任总指挥。6月，红三团在驻地遭国民党军队围攻，战斗失利，他率少数战士突出重围。同年冬被调回厦门，受到上海党中央的错误处分，中止了党的组织关系。但他忠诚坚定，继续在工人中从事革命活动。

1933年7月，党组织派蔡协民到安溪县任中心县委常委、秘书，他积极参加安溪中心县委的领导工作，致力于党和游击队组织建设，发展安溪、南安、永春、德化四县的游击区，进一步巩固和发展革命根据地。他参与地方苏维埃政权建设，指导安南永德红色苏区的政权建设和土改分田，有效地激发广大农民群众的革命热情。他为中心县委起草了许多通告、决议和报告等重要文件，对指导安南永德红色苏区的斗争发挥了重要作用。

1933年9月"青云楼事件"发生后，他及时总结夏收斗争和"青云楼事件"的经验教训，继续领导和发动安南永德红色苏区人民开展斗争。后又调回厦门，负责在工人中建立党的外围组织——互济会。

1934年4月16日，蔡协民离开厦门前往中央苏区，行至漳州石码，因叛徒出卖而遭逮捕。经受多次刑讯，他依然坚贞不屈，7月，在漳州英勇就义，牺牲时年仅33岁。

蔡重明

（1923—   ）

　　蔡重明，原名蔡勋，福建省福州人。1947年2月在厦门大学加入中国共产党。1947年夏，任中共厦大支部书记，1948年5月任泉厦临工委委员，9月任宣传委员。1949年2月上旬，他从香港到安溪，与王新整、叶森玉会合，在赤岭蓝溪中学交通站开会，成立三人领导小组，互通情况，一致同意继续与张强、朱文鉴合作，立即从厦门等地调党员、干部到安永德地区，发动群众，组织抗征队，建立游击队。随后，经王江岚介绍，蔡重明到崇德中学任教，设立联络站，做组织发动工作。中旬，在长坑玉湖召开会议，要求各界人士认清形势，为解放事业多做贡献，并筹建解放委员会。3月，蔡重明兼任中共安华泰区工委书记，并负责安漳华解放委员会的宣传工作。4月，成立中共安溪临时中心县工委时，蔡重明任委员、宣传部副部长。5月正式成立中共安溪中心县工委后，任宣传部长，并与中心县工委常委王新整一起负责开办军政干部训练班，培训党政干部和革命青年。7月任中心县工委执委、常委、宣传部长，并任下设的经济委员会主任，兼安溪县人民民主政府财粮科科长。同时还是军政干部学校教务主任。

　　中华人民共和国成立后，历任龙溪专署税务局副局长、龙溪地委宣传部教育科科长、省委党校教育科长及哲学研究室党支部书记、政治经济学研究室主任、党支部书记。1983年2月离休，享受副厅级待遇。

附录

中华人民共和国成立前历届中共安溪县委、中心县委书记、副书记、常委（执委）

中共安南永临时县委员会

（1931.12—1932.4）

书　记　李南金（1932.4牺牲，烈士）

中共安溪县委员会

（1932.4—1932.11）

书　记　李剑光

中共安溪中心县委员会

（1932.11—1936.4）

书　记　李剑光（1932.11—1933.7）

常　委　蔡振奎（1932.11—1933.7）

　　　　李晓山（1932.11—1933.7）

　　　　林多奉（1932.11—1933.7）

　　　　李　实（1932.11—1933.7）

　　　　庄毓英（1932.11—1933.1）

　　　　陈凤伍（1932.11—1933.7）

书　记　李　实（1933.7—1933.9牺牲，烈士）

常　委　李剑光（1933.7—1933.10）

　　　　蔡振奎（1933.7—1933.8牺牲，烈士）

林多奉（1933.7—1933.10）

蔡协民（1933.7—1933.10）

陈凤伍（1933.7—1933.9牺牲，烈士）

代理书记 李剑光（1933.10—1934.2）

常　　委 易培祥（1933.10—1934.2）

黄鸿英（1933.10—1934.5牺牲，烈士）

执　　委 翁成金（翁进煌）（1933.10—1934.2）

蔡协民（1933.10—1934.2）

林多奉（1933.10—1934.2）

傅文煌（1933.10—1934.2）

符南平（1933.10—1934.2）

曾　奎（女）（1933.10—1934.2）

书　记 杨　七（1934.2—1934.8）

常　委 易培祥（1934.2—1934.8）

尹利东（尹林平）（1934.2—1934.8）

执　委 翁成金（1934.2—1934.8）

林多奉（1934.2—1934.8）

李剑光（1934.2—1934.8）

粘文华（1934.2—1934.8）

曾　奎（女）（1934.2—1934.8）

书　记 易培祥（1934.8—1934.12）

常　委 杨　七（1934.8—1934.12）

林多奉（1934.8—1934.12）

尹利东（1934.8—1934.12）

李剑光（1934.8—1934.12）

执　委　翁成金（1934.8—1934.12）

张剑峰（1934.8—1934.12）

粘文华（1934.8—1934.12）

傅文煌（1934.8—1934.12）

曾　奎（女）（1934.8—1934.12）

杨　芬（1934.8—1934.12）

张华光（1934.8—1934.12）

书　记　翁成金（1934.12—1935.7）

常　委　粘文华（1934.12—1935.7）

林多奉（1934.12—1935.7）

李剑光（1934.12—1935.4牺牲，烈士）

尹利东（1934.12—1935.7）

执　委　杨　七（1934.12—1935.7）

张剑峰（1934.12—1935.7）

曾　奎（女）（1934.12—1935.7）

傅文煌（1934.12—1935.4）

杨　芬（1934.12—1935.7）

冯明琛（1934.12—1935.7）

郭　港（1934.12—1935.7）

刘　由（1934.12—1935.7）

书　记　郭　灿（郭石）（1935.7—1935.8）

翁成金（1935.8—1935.10）

常　委　翁成金（1935.7—1936.4）

林多奉（1935.7—1935.8牺牲，烈士）

尹利东（1935.7—1936.4）

彭德清（1935.7—1936.4）

杨　七（1935.8—1935.12）

执　委　杨　七（1935.7—1935.8）

刘　由（1935.7—1935.12牺牲，烈士）

郭　港（1935.7—1935.8）

曾　奎（1935.7—1936.4）

张华光（张节飞）（1935.7—1936.4）

郭　龙（1935.7—1935.11）

张剑峰（1935.7—1935.9）

中共安溪中心县委员会

（1949.4—1949.9）

书　记　陈　华（1949.4—1949.9）

副书记　张　连（1949.5—1949.9）

常　委　王新整（1949.4—1949.9）

叶森玉（1949.7—1949.9）

蔡重明（1949.7—1949.9）

执　委　陈君实（黄英瑞）（1949.7—1949.9）

郑　坚（郑鸿池）（1949.7—1949.9）

林　凌（李玉璇）（女）（1949.7—1949.9）

张其华（1949.7—1949.9）

谢高明（1949.7—1949.9）

张　挑（张人鹤）（1949.7—1949.9）

中共安溪县工作委员会

（1949.5—1949.9）

书　记　张其华

土地革命战争时期
安南永德苏维埃政府主席、副主席

安溪革命委员会（安南永德苏维埃政府）

主　席　李剑光

副主席　陈仲琪

安溪籍革命烈士名录

序号	姓名	性别	籍贯	出生年月	参加革命时间	职务	牺牲时间	牺牲地点及原因
1	陈撰	男	安溪县凤城镇吾都村	1909年7月	1930年2月	安溪县官彭区委委员	1935年8月	在城关仙苑林边被叛徒陈清水暗杀。
2	陈和成	男	安溪县凤城镇美法村	1910年	1949年5月	闽粤赣边纵八支队四团十六连战士	1949年6月19日	在站岗时被保安二团便衣抓捕枪杀于湖头上西埔。
3	陈金	男	安溪县凤城镇	1927年		解放军第三十一军九十二师二七四团四连战士	1949年10月	在解放厦门战役中牺牲。
4	曾根灿	男	安溪县蓬莱镇温泉村	1911年	1932年	温泉乡农会会员	1935年5月21日	在蓬莱温泉乡围剿伪民团战斗中牺牲。
5	傅芙蓉	女	安溪县蓬莱镇上东村	1910年	1932年3月	安溪县官彭区妇女会主席	1933年8月16日	1933年8月14日在彭内岭美闪羊格寻找组织时被伪民团抓捕，后在蓬莱圩头被杀害。
6	林味	男	安溪县蓬莱镇福山村	1879年10月	1933年	福山乡赤卫队队员	1933年10月14日	被反动头目林成竹、伪区长林敬芳一伙抓捕杀害于县城凤冠山。
7	林八	男	安溪县蓬莱镇福山村	1893年	1933年	福山乡赤卫队员	1933年10月14日	被反动头目林成竹、伪区长林敬芳一伙抓捕杀害于县城凤冠山。
8	林山	男	安溪县蓬莱镇福山村	1909年	1933年	福山乡赤卫队员	1933年10月14日	被反动头目林成竹、伪区长林敬芳一伙抓捕杀害于县城凤冠山。
9	林约	男	安溪县蓬莱镇福山村	1911年	1933年	福山乡赤卫队员	1933年10月14日	被反动头目林成竹、伪区长林敬芳一伙抓捕杀害于县城凤冠山。
10	林谅	男	安溪县蓬莱镇福山村	1896年	1933年	福山乡赤卫队员	1933年10月14日	被反动头目林成竹、伪区长林敬芳一伙抓捕杀害于县城凤冠山。
11	林朕	男	安溪县蓬莱镇福山村	1884年	1933年	福山乡赤卫队员	1933年10月14日	被反动头目林成竹、伪区长林敬芳一伙抓捕杀害于县城凤冠山。

序号	姓名	性别	籍贯	出生年月	参加革命时间	职务	牺牲时间	牺牲地点及原因
12	林崩	男	安溪县蓬莱镇福山村	1875年	1933年	福山乡农会主席	1933年10月14日	被反动头目林成竹、伪区长林敬芳一伙抓捕杀害于县城凤冠山。
13	林成巷	男	安溪县蓬莱镇福山村	1887年	1933年	福山乡赤卫队员	1933年10月14日	被反动头目林成竹、伪区长林敬芳一伙抓捕杀害于县城凤冠山。
14	傅有智	男	安溪县蓬莱镇登山村	1909年	1930年	中共安溪中心县委委员、官桥区苏维埃政府主席	1933年9月17日	在温泉青云楼被匪王观兰诱骗捕送伪县监狱，后被杀害在凤城凤冠山上。
15	傅辉	男	安溪县蓬莱镇登山村	1906年	1932年	登虎榜农会赤卫队副队长	1933年9月15日	在蓬莱鸿山后格山尾执行任务时被杀害。
16	傅油坚	男	安溪县蓬莱镇登山村	1883年	1932年	登虎榜农会会员	1933年7月1日	在官桥执行任务被伪民团捕至赤岭土桥头杀害。
17	李默书	男	安溪县蓬莱镇鸿福村	1913年	1932年	鸿福乡农会赤卫队队员	1934年7月	在蓬莱鸿山乡执行任务时被伪民团捕入监狱后越狱至仙苑不幸落水牺牲。
18	李墙	男	安溪县蓬莱镇鸿福村	1908年	1931年4月	鸿山乡农会赤卫队队长	1933年3月	伪民团张仲明包围鸿福后乾被捕押至本乡碗仔林杀害。
19	李水龟	男	安溪县蓬莱镇鸿福村	1901年	1931年	安溪县官彭区区委书记	1935年9月	在厦门浮士角大港搞地下工作时被伪民团团长李玉斗李亚招杀害。
20	陈愿	女	安溪县蓬莱镇彭格村	1918年7月	1934年12月	安溪县官彭区妇女干部	1935年4月	在彭格竹塔被伪军包围中牺牲。
21	陈进	男	安溪县蓬莱镇彭格村	1915年	1934年4月	红军闽南游击队第二支队队员	1934年5月	因请假回家至蓬莱美滨墓林途中遇伪民团被杀害。
22	林金瓶	男	安溪县蓬莱镇彭格村	1914年	1933年	红军闽南游击队第二支队班长	1934年2月	在南安高田搞地下革命工作时遇到伪民团头子陈维金和国民党军在战斗中牺牲。
23	陈荫	男	安溪县蓬莱镇中芹村	1876年5月	1932年	官彭区芹山村农会主席	1936年5月28日	被土匪杀害于芹山村。

续表

序号	姓名	性别	籍贯	出生年月	参加革命时间	职务	牺牲时间	牺牲地点及原因
24	林星	男	安溪县蓬莱镇福山村	1903年	1933年	福山乡苏维埃赤卫队队长	1933年9月15日	因叛徒肖橹告密被伪团抓捕杀害于福山东乡墓林。
25	张添	男	安溪县蓬莱镇岭美村	1887年3月	1931年8月	红军闽南游击队第二支队宣传员	1932年5月6日	在蓬莱岭尾闪洋格执行任务被叛徒张仲明所捕押至彭格杀害。
26	苏成春	男	安溪县蓬莱镇岭南村	1907年	1931年8月	红军闽南游击队第二支队宣传员	1933年8月14日	因请假回家在叛徒张仲明带队围捕中牺牲。
27	蔡添火	男	安溪县蓬莱镇岭东村	1911年7月	1930年	岭尾乡农协会会员	1935年6月18日	在晋江搞地下活动被叛徒刘渊泉带伪军围捕押至泉州市南门外杀害。
28	温维金	男	安溪县蓬莱镇岭东村	1908年	1931年	红军闽南游击队第二支队队员	1932年8月3日	在蓬莱联中大乾内围攻地霸战斗中牺牲。
29	温乞	男	安溪县蓬莱镇岭东村	1907年3月	1931年5月	红军闽南游击队第二支队队员	1932年9月3日	在蓬莱蓬溪吉坑与伪团战斗中牺牲。
30	苏万乞	男	安溪县蓬莱镇岭东村	1913年	1931年	蓬莱乡农会宣传员	1935年6月18日	在晋江县姑嫂山搞革命工作被叛徒刘渊泉出卖捕送泉州市南门外杀害。
31	柯添泉	男	安溪县蓬莱镇蓬溪村	1904年	1932年	红军闽南游击队第二支队队员	1933年10月	在蓬莱蓬溪吉坑执行任务时被伪民团柯大沦带队包围，在突围中牺牲。
32	傅绢	女	安溪县蓬莱镇蓬溪村	1907年	1932年	蓬莱溪头乡溪头妇女主席兼安南永德赤卫队交通员	1934年1月5日	在蓬莱蓬溪被族亲柯宗出卖被捕押至二格头杀害。
33	林阳	男	安溪县蓬莱镇蓬溪村	1913年	1930年	红军闽南游击队第二支队队员	1933年8月	在南安县高田搞地下活动时被伪民团包围在作战中牺牲。
34	林乌	男	安溪县蓬莱镇联中村	1909年	1930年	蓬莱乡团书记	1934年8月24日	在蓬莱彭圩执行任务时被伪民团柯新围捕而牺牲。
35	林音	男	安溪县蓬莱镇蓬溪村	1904年	1930年	蓬莱溪头乡农会赤卫队队长	1933年7月6日	在家中被伪民团围捕押至美滨杀害。
36	林秀枝	女	安溪县蓬莱镇联中村	1914年6月	1931年	官彭区妇女干部	1933年4月	在彭亭搞地下活动被伪民团陈凤远部追捕中牺牲。

序号	姓名	性别	籍贯	出生年月	参加革命时间	职务	牺牲时间	牺牲地点及原因
37	陈正福	男	安溪县蓬莱镇联中村	1913年3月	1931年	官彭区地下工作人员	1933年5月	因请假回家被叛徒张仲明带伪民团围捕押至蓬莱仔山杀害。
38	刘尚	男	安溪县蓬莱镇联盟村	1913年	1931年	蓬莱乡团支部委员	1933年5月27日	在蓬莱美滨路尾桥遇到叛徒张仲明被捕押至彭圩割首杀害。
39	林遵流	男	安溪县蓬莱镇联中村	1913年	1931年	蓬莱农会主席兼宣传员	1933年1月8日	在蓬莱彭圩头因叛徒陈赞出卖，被伪十九路军捕送县城水门外杀害。
40	陈牛朝	男	安溪县蓬莱镇美滨村	1908年12月	1932年	蓬莱路尾乡农会主席	1934年5月16日	在蓬莱美滨洋中被伪民团刘海波围捕送蓬莱宫后山杀害。
41	陈来春	男	安溪县蓬莱镇美滨村	1912年	1931年	红军闽南游击队第二支队队员	1934年6月	在永春达埔乡搞地下活动时被伪民团发现，在战斗中牺牲。
42	刘祖竹	男	安溪县蓬莱镇鹤前村	1906年	1931年	蓬莱路尾乡农会会员	1933年6月28日	在蓬莱鹤前塔仔开会被伪民团围捕时中弹牺牲。
43	刘萝藤	男	安溪县蓬莱镇鹤前村	1904年	1933年2月	红军闽南游击队第二支队队员	1933年11月	在永春县浤溪与伪民团战斗中牺牲。
44	刘金城	男	安溪县蓬莱镇鹤前村	1904年	1931年2月	红军闽南游击队第二支队班长	1933年8月	在金谷东溪乡龙坑执行任务时被伪民团发觉在战斗中牺牲。
45	林浪	男	安溪县蓬莱镇新林村	1908年	1932年	红军闽南游击队第二支队队员	1932年	在蓬莱美滨乡溪美村围攻伪民团战斗中牺牲。
46	陈水圳	男	安溪县蓬莱镇新坂村	1911年7月	1931年	红军闽南游击队第二支队队员	1933年10月12日	1932年1月28日在蓬莱坂上被陈良父子带19路军围捕，后被杀害于县城凤髻山。
47	胡椴	男	安溪县蓬莱镇寮海村	1912年	1932年	蓬莱上智乡农会主席	1933年11月27日	在蓬莱温泉执行任务时被伪民团发觉，在战斗中撤退隐藏家中被捕，送伪监狱后被害。
48	许元尊	男	安溪县湖头镇登贤村	1925年9月	1948年2月	解放军三纵九师二十六团五连战士	1948年9月26日	在辽宁省黑山颜家窑战斗中牺牲。
49	魏港	男	安溪县湖头镇溪美村	1929年12月	1949年4月	闽粤赣边纵八支队四团十连班长	1949年8月	在湖头街执行任务时被伪保二团便衣队发现，在作战中牺牲。

续表

序号	姓名	性别	籍贯	出生年月	参加革命时间	职务	牺牲时间	牺牲地点及原因
50	苏铁	男	安溪县湖头镇溪美村	1926年	1949年4月	闽粤赣边纵八支队四团十连战士	1949年6月19日	在湖头登贤宗峰围剿伪保二团战斗中牺牲。
51	苏松明	男	安溪县湖头镇横山村	1927年	1949年6月	闽粤赣边纵八支队四团十连战士	1949年8月	在湖头街执行任务时被伪保二团便衣队捕至湖四(上西)草埔杀害。
52	李巢	男	安溪县湖头镇东埔村	1908年	1932年	红军闽南游击队第二支队班长、医助	1935年6月	在永春县达埔乡勃溪搞地下活动时被叛徒姚栋梁暗杀。
53	蔡火	男	安溪县湖头镇都贤村	1909年	1932年	红军闽南游击队第二支队队员	1935年8月18日	在湖头都贤东乾岭执行任务因坏分子李奇告密被伪民团包围，在战斗中牺牲。
54	许日生	男	安溪县官桥镇官桥村	1921年6月	1949年5月	解放军浙江省剿匪部队班长	1949年12月	在浙江省剿匪战斗中牺牲。
55	钟因强	男	安溪县官桥镇善坛村	1924年	1947年4月	解放军二十八军八十三师二四团九连副班长	1949年5月	在解放上海宝山战斗中牺牲。
56	程来发	男	安溪县官桥镇仁峰村	1921年	1949年7月	支前民工	1949年10月	随部队解放厦门，在战斗中牺牲。
57	郭顶	男	安溪县官桥镇碧二村	1906年	1932年	官彭区碧山乡农会主席	1933年6月	在家中被土匪郭友捕至本乡石祭仔杀害。
58	陈仪英	男	安溪县官桥镇碧二村	1909年	1933年4月	红军闽南游击队第二支队队员	1933年10月12日	1933年7月在蓬莱彭格黄宅林执行任务时被土匪林两成抓捕，后被杀害于安溪县后山。
59	柯扁	男	安溪县官桥镇碧二村	1906年4月	1930年8月	官彭区碧山乡苏维埃农会主席、赤卫队长	1935年8月	在厦门被叛徒捕送安溪监狱遭重刑致死。
60	王安居	男	安溪县官桥镇洪塘村	1912年	1932年	官彭区区委宣委兼安南同特支部书记	1935年10月5日	1935年在龙门美卿乡被伪保长诱骗捕至龙门，后在龙门圩尾埔被杀害。
61	钟志柴	男	安溪县官桥镇善坛村	1921年10月	1948年10月	闽粤赣边纵八支队四团十二连班长	1949年8月31日	在官桥赤岭炉宅围剿伪军战斗中牺牲。
62	钟雅	男	安溪县官桥镇善坛村	1925年5月	1949年1月	闽粤赣边纵八支队四团十二连游击队队员	1949年8月31日	在官桥赤岭炉宅围剿伪军作中牺牲。

序号	姓名	性别	籍贯	出生年月	参加革命时间	职务	牺牲时间	牺牲地点及原因
63	钟宏	男	安溪县官桥镇善坛村	1924年6月	1949年1月	闽粤赣边纵八支队四团十二连战士	1949年8月31日	在官桥赤岭炉宅围剿伪军作战中牺牲。
64	廖怀碧	男	安溪县官桥镇上苑村	1930年	1949年1月	闽粤赣边纵八支队四团十一连战士	1949年7月26日	在虎邱执行任务时被伪保二团林本林坊抓捕送官桥圩尾杀害。
65	周新	男	安溪县剑斗镇		1948年11月	闽粤赣边纵八支队四团十三连队员	1949年4月20日	在金谷金东土桥围剿伪保安二团战斗中牺牲。
66	谢传皆	男	安溪县城厢镇砖文村	1909年7月	1934年	红军闽南游击队交通员	1935年3月	因送信去蓬莱岩山，在途中（中标尾溪边坑边）被伪民团黄庆书所捕押至县城杀害。
67	谢水边	男	安溪县城厢镇砖文村	1918年	1949年5月	安溪游击队战士	1949年8月	在金谷袭击伪保安二团战斗中牺牲。
68	许阳	男	安溪县城厢镇码头村	1905年	1933年	安南永赤卫队小队长	1934年1月	在城厢参山执行任务时被伪民团抓捕牺牲。
69	许梯	男	安溪县城厢镇码头村	1907年	1932年	安溪兴口乡抗租委员会委员	1933年3月	被本乡地痞许连明之嫂告密，在家中被伪军围捕押至蓬莱圩杀害。
70	蔡昆	男	安溪县金谷镇金山村	1909年	1932年	红军闽南游击队第二支队队员	1935年2月	在金谷望云山看守土豪被民团陈维金劫捕受害。
71	李再生	男	安溪县金谷镇芸美村	1913年4月	1932年	蓬莱区芸美乡农会会员	1933年8月	因地下印刷机关设在家中被民团发现围捕而牺牲。
72	郑雍	男	安溪县金谷镇芸美村	1909年10月	1932年	蓬莱区芸美乡农会土豪队副队长	1934年4月	在金谷芸美执行任务时被民团伏击而牺牲。
73	陈运	男	安溪县金谷镇华芸村	1913年	1930年	厦门市委通讯员、红二支队队员	1934年2月14日	在魁斗鼓顶被民团围捕而牺牲。
74	陈总	男	安溪县金谷镇华芸村	1907年7月	1932年12月	红军闽南游击队第二支队队员	1934年9月11日	在南安县高田执行任务时被敌军包围，在突围中牺牲。
75	陈金貌	男	安溪县金谷镇芸美村	1907年	1931年	蓬莱区芸美乡农会土豪队副队长	1933年8月14日	在金谷芸美因与民团作战撤退时被抓杀害。

续表

序号	姓名	性别	籍贯	出生年月	参加革命时间	职务	牺牲时间	牺牲地点及原因
76	李英对	男	安溪县金谷镇芸美村	1887年	1930年	芸美乡抗租委员、交通员	1935年6月	1935年6月因叛徒林玉忠出卖在芸美大坪头被捕押送至漳州囚禁下落不明，1984年8月18日追认为烈士。
77	陈五味	男	安溪县金谷镇芸美村	1908年5月	1932年	红军闽南游击队第二支队队员	1933年8月	在魁斗佛仔格搞地下活动时被民团包围，在战斗中牺牲。
78	温服	男	安溪县金谷镇芸美村	1902年5月	1931年	蓬莱区芸美乡农会主席	1935年7月1日	在金谷芸美被叛徒温高西告密，在被民团捕送伪县狱中杀害。
79	陈芳萍	男	安溪县金谷镇深洋村	1912年7月	1932年	红军闽南游击队第二支队队员	1935年	因养病关在永春县陈庄村群众谷柜内，被伪民团搜捕杀害。
80	林奈	男	安溪县金谷镇深洋村	1911年12月	1933年	漳州市红三团游击队班长	1935年	在平和县攻打民团战斗中牺牲。
81	陈阿贵	男	安溪县金谷镇深洋村	1913年4月	1933年	红军闽南游击队第二支队队员	1934年10月3日	在永春县磨石坑水尾搞地下工作时被十九路军和民团包围，在突围中牺牲。
82	陈参赞	男	安溪县金谷镇深洋村	1903年	1933年	红军闽南游击队第二支队班长	1934年10月3日	在永春县磨石坑水尾搞地下工作时被十九路军和伪民团包围，在突围中牺牲。
83	陈煌	男	安溪县金谷镇深洋村	1909年1月	1933年	红军闽南游击队第二支队队员	1934年11月6日	在东溪被民团抓捕，遭酷刑而牺牲。
84	陈清沛	男	安溪县金谷镇深洋村	1913年	1932年	红军闽南游击队第二支队队员	1934年10月10日	因送信到南安诗山码头被伪民团陈维金围捕而牺牲。
85	陈金銮	男	安溪县金谷镇深洋村	1912年4月19日	1931年	安南永德团中心县委组织部长	1935年9月23日	在永春县磨石坑搞地下活动被叛徒苑剑杀害。
86	陈体	男	安溪县金谷镇深洋村	1894年5月	1928年4月	安南永苏维埃政府抗租分田委员会主任	1934年3月2日	被伪民团围捕杀害于金谷东溪深洋。

序号	姓名	性别	籍贯	出生年月	参加革命时间	职务	牺牲时间	牺牲地点及原因
87	林齐	男	安溪县金谷镇深洋村	1904年	1932年	红军闽南游击队第二支队队员、安南永德苏维埃政府农会主任	1934年6月2日	在永春达埔乡执行任务时被伪民团围捕而牺牲。
88	陈仲琪	男	安溪县金谷镇溪榜村	1909年	1929年3月	安南永苏维埃政府副主席	1935年4月26日	1935年农历二月初九，在金谷东溪大仓岭被伪中央军、民团抓去押至县城监狱，后被敌杀害于县城凤冠山下。
89	刘由	男	安溪县金谷镇元口村	1906年	1932年	红军闽南游击队第三支队大队长	1935年	在湖头白濑进行地下活动时被叛徒陈包、陈纲暗杀。
90	张石	男	安溪县金谷镇元口村	1913年	1932年7月	红军闽南游击队第二支队班长	1934年9月11日	在南安县高田执行任务时被敌军包围，在突围中牺牲。
91	杨冬水	男	安溪县金谷镇元口村	1903年	1932年2月	蓬莱区元口乡农会委员	1933年6月	在执行时任务途中在金谷街被伪民团捕送伪县监狱中杀害。
92	杨福胜	男	安溪县金谷镇元口村	1915年	1930年3月	红军闽南游击队第二支队队员	1933年3月2日	在蓬莱联中五岭脚执行任务中被十九路军捕送县城杀害。
93	钟砚	女	安溪县金谷镇元口村	1906年	1932年	安溪县元口区妇女部部长	1934年5月	在金谷元口做宣传工作被伪民团捕送蓬莱联中坵炉杀害。
94	杨胡栳	男	安溪县金谷镇元口村	1915年	1930年	红军闽南游击队第二支队队员	1934年3月	在蓬莱新林攻打土匪李振芳战斗中牺牲。
95	林微	女	安溪县金谷镇元口村	1913年	1932年	蓬莱区元口妇女主席	1934年9月	在金谷内山执行任务时被伪民团捕至中溪洲杀害。
96	黄信	女	安溪县金谷镇元口村	1911年	1931年	元口乡妇女会会员	1934年5月29日	在金谷山门下墩被叛徒出卖被伪民团黄大涵围捕牺牲。
97	叶石	男	安溪县金谷镇三元村	1913年	1932年1月	红军闽南游击队第二支队班长	1934年1月10日	在金谷土桥与伪民团战斗中牺牲。
98	傅塔	男	安溪县金谷镇洋内村	1892年	1932年5月	蓬莱区元口乡农会主席	1933年5月19日	在湖头过溪集会时被伪民团围捕杀害。
99	傅天枢	男	安溪县金谷镇洋内村	1899年2月16日	1932年	苏维埃元口洋内乡抗租委员、赤卫队员	1933年6月10日	遭国民党第十九路路军围捕杀害于湖头过溪。

续表

序号	姓名	性别	籍贯	出生年月	参加革命时间	职务	牺牲时间	牺牲地点及原因
100	傅九藤	男	安溪县金谷镇洋内村	1901年	1932年	苏维埃元口洋内乡抗租委员赤卫队员	1933年6月13日	被国民党十九路军捕住杀害于湖头后溪扁芝花树下。
101	江汉	男	安溪县金谷镇大演村	1903年	1931年	蓬莱区元口乡农会副主席	1933年12月	在金谷大演搞地下活动时被土匪杨建玉之子暗杀。
102	张藩	男	安溪县金谷镇山岭村	1912年	1929年	安溪县官彭区地下工作宣传员	1933年8月	在家中因叛徒告密，被伪民团捕送县城杀害。
103	张返	男	安溪县金谷镇元口村	1898年	1929年8月	蓬莱区元口乡农会主席	1933年8月	被叛徒张腰出卖捕至渊兜下渡头杀害。
104	沈日春	男	安溪县金谷镇山岭村	1912年	1930年	红军闽南游击队第二支队第三大队指导员	1935年4月2日	在尚卿中兴山头进行地下活动因地痞告密被伪中央军包围在战斗中牺牲。
105	林用	男	安溪县金谷镇丽山村	1892年	1931年3月	蓬莱区元口乡农会会员	1934年3月	在金谷内山抬伤员到蓬莱延坑途中被土匪围捕而牺牲。
106	余有进	男	安溪县金谷镇五社村	1908年	1931年7月	中共黄口区委委员	1934年9月	请假回家因坏分子苏全告密被伪民团包围突围时牺牲。
107	林琳	女	安溪县金谷镇五社村	1903年	1932年4月	安溪县元口区地下工作人员	1933年4月	在金谷元口执行任务时被伪民团发现围捕牺牲。
108	林生	男	安溪县金谷镇元口村	1903年9月	1931年6月	安南永德县委执委	1933年6月10日	在金谷街执行时任务时被伪民团捕送伪监狱中杀害。
109	林添丁	男	安溪县金谷镇元口村	1915年7月	1931年3月	红军闽南游击队第二支队队员	1933年3月2日	在蓬莱联中执行任务时被伪十九路军围捕送县城东岳山杀害。
110	林文斧	男	安溪县龙门镇龙门村	1911年	1934年	安南同边区农会主席、龙门党支部书记	1935年10月5日	在龙门金狮陈枳家里执行任务时被伪民团发觉捕至龙门溪州埔杀害。
111	林松茂	男	安溪县龙门镇龙门村	1931年2月	1947年2月	闽西南地委无线电员	1947年11月	在南靖县南坑学习电台因叛徒林东海出卖被敌抓捕杀害。
112	林师柴	男	安溪县龙门镇龙门村	1906年	1934年3月	安永同特支部书记	1935年10月5日	在龙门观山村观音山执行任务被伪军围捕至龙门溪州埔杀害。
113	林玉金	男	安溪县龙门镇龙门村	1925年	1949年4月	安南同边区游击大队队员	1949年5月6日	往蓬莱执行任务途中至官桥乌冬格白沙亭被土匪刘智勇杀害。

序号	姓名	性别	籍贯	出生年月	参加革命时间	职务	牺牲时间	牺牲地点及原因
114	曾自强	男	安溪县龙门镇龙山村	1921年	1947年5月	安南同边区游击大队队员	1949年5月6日	往蓬莱执行任务途中至官桥乌冬格白沙亭被土匪刘智勇杀害。
115	林水芸	男	安溪县龙门镇龙山村	1917年	1935年	中共安南同县工委委员、武工队队长	1949年8月14日	因病在家被匪林长清围捕押至龙门圩杀害。
116	邱金锥	男	安溪县龙门镇翠坑村	1930年	1947年	闽粤赣边纵八支队四团十四连游击队队员	1949年6月9日	在攻打龙门伪警察所战斗中牺牲。
117	沈升求	男	安溪县龙门镇炙坑村	1891年	1935年4月	红军闽南游击队第二支队队员	1935年9月16日	在龙门炙坑执行任务被伪民团围捕而牺牲。
118	沈笼水	男	安溪县龙门镇炙坑村	1912年	1935年2月	红军闽南游击队第二支队小队长	1935年9月10日	在龙门炙坑执行任务伪军包围至南安县诗山杀害。
119	沈水圳	男	安溪县龙门镇炙坑村	1898年	1935年4月	红军闽南游击队第二支队队员	1935年8月19日	在龙门湖山执行任务时被伪军包围在突围中牺牲。
120	沈渊仁	男	安溪县龙门镇炙坑村	1900年	1935年4月	红军闽南游击队第二支队队员	1935年9月16日	在龙门湖山执行任务时被伪军包围在突围中牺牲。
121	许邦基（枝）	男	安溪县龙门镇仙地村	1926年	1949年3月	安南同边区游击大队队员	1949年5月6日	往蓬莱执行任务途中至官桥乌冬格白沙亭被刘智勇匪部杀害。
122	许文斌	男	安溪县龙门镇仙地村	1926年	1949年4月	安南同边区游击大队队员	1949年6月	在龙门廖山鹧鸪寨围剿敌人时而牺牲。
123	许三喜	男	安溪县龙门镇仙地村	1920年	1949年	安南同边区游击大队队员	1949年5月6日	往蓬莱执行任务途中至官桥乌冬格白沙亭被土匪刘智勇杀害。
124	许万兴	男	安溪县龙门镇仙地村	1928年	1948年10月	闽粤赣边纵八支队四团十四连通信员	1949年6月	在安溪龙门圩执行任务时被叛徒周世成诱骗杀害。
125	白江波	男	安溪县龙门镇美卿村	1925年6月	1949年3月	闽粤赣边纵八支队四团十四连战士	1949年7月	在南安英都因搞地下工作被匪发现在战斗中牺牲。
126	白福气	男	安溪县龙门镇美卿村	1911年	1935年3月	龙门坑内抗租委员会主席	1935年10月5日	在龙门美卿执行任务被伪民团捕至龙门观音山杀害。
127	肖英国	男	龙门镇美卿村		1948年1月	解放军四野独立团机炮连战士	1948年11月14日	在淮海战役中牺牲。

续表

序号	姓名	性别	籍贯	出生年月	参加革命时间	职务	牺牲时间	牺牲地点及原因
128	周蜡	男	安溪县虎邱镇竹园村	1906年	1949年4月	新康独立游击中队队员	1949年5月10日	在解放安溪县城战斗中牺牲。
129	林春	男	安溪县芦田镇福岭村	1919年	1949年5月	闽粤赣边纵八支队四团十二连游击队队员	1949年7月20日	在湖头七寨山围剿伪保安二团战斗中牺牲。
130	陈比	男	安溪县芦田乡福岭村	1911年	1949年1月	安溪人民游击大队队员	1949年5月10日	在解放安溪县城战斗中牺牲。
131	杨水井	男	安溪县芦田乡三洋村	1914年	1949年3月	八支队四团十二连战士	1949年8月31日	在官桥赤岭与新五军、保安二团战斗中牺牲。
132	杨乳	男	安溪县芦田乡内地村	1929年	1949年4月	八支队四团十二连战士	1949年8月31日	在官桥赤岭与新五军、保安二团战斗中牺牲。
133	杨养朝	男	安溪县芦田乡三洋村	1918年	1949年3月	八支队四团十二连战士	1949年8月31日	在官桥赤岭与新五军、保安二团战斗中牺牲。
134	苏新兴	男	安溪县感德乡林地村	1910年	1944年10月	黄沙东湖岩游击队地下工作人员	1946年5月	在黄沙村因坏人告密被捕后就义于永春县城。
135	陈辉	男	安溪县魁斗镇魁斗村	1922年	1947年8月	解放军六纵一十八旅五十四团三营九连战士	1948年5月	在山东省定陶县雀山战斗中英勇牺牲。
136	黄江魄	男	安溪县魁斗镇镇西村	1907年4月	1931年2月	红军闽南游击队第二支队班长、中队长	1934年八月初三	1934年农历五月二十八晚在厦门被敌逮捕，后遭敌杀害于安湖路。
137	易新	男	安溪县魁斗镇贞洋村	1905年	1931年5月	红军闽南游击队第二支队队员	1933年5月	在永春县达埔乡搞地下活动时被伪民团发现包围在战斗中牺牲。
138	易邑	男	安溪县魁斗镇贞洋村	1901年	1931年6月	红军闽南游击队第二支队班长	1933年5月	在永春县达埔乡被伪军检查岗哨盘问时暴露身份，被十九路军立即包围，在战斗中牺牲。
139	易春田	男	安溪县魁斗镇贞洋村	1908年	1930年	魁斗贞洋农会会员	1933年12月	在南安县诗山上祖厝执行任务被十九路军发现立即进行包围，在战斗中牺牲。

序号	姓名	性别	籍贯	出生年月	参加革命时间	职务	牺牲时间	牺牲地点及原因
140	易答	男	安溪县魁斗镇贞洋村	1902年2月	1931年5月	红军闽南游击队第二支队队员	1935年4月8日	在同安县吾峰搞地下活动被叛徒苏天时杀害于虎根岭后。
141	易三多	男	安溪县魁斗镇贞洋村	1910年	1931年	红军闽南游击队第二支队队员	1933年9月12日	在温泉"青云楼事件"中被捕牺牲。
142	易泮水	男	安溪县魁斗镇钟山村	1909年1月	1930年6月	红军闽南游击队第二支队第一中队长	1933年2月10日	在安溪县贞洋围攻匪军陈才方战斗中牺牲。
143	易团练	男	安溪县魁斗镇钟山村	1915年2月	1931年6月	红军闽南游击队第二支队队员	1933年5月	在永春县达埔乡执行任务被伪检查哨盘问时暴露身份，被十九路军立即进行包围，在战斗中牺牲。
144	易苏	男	安溪县魁斗镇钟山村	1908年1月	1932年5月	金谷团芸美区区委	1933年5月	夜间在蓬莱乡开会被伪民团捕押至彭圩头杀害。
145	易味	男	安溪县魁斗镇佛仔格村	1879年5月	1932年5月	厦门市委安南永德地下交通员	1934年10月	厦门市派交通员来家联系时被反动分子向伪民团陈远荣告密，被陈远荣立即派伪兵包围，因拒捕而牺牲。
146	柯八	男	安溪县魁斗镇佛仔格村	1912年	1930年	安溪县贞洋乡农会会员	1933年3月	在安溪魁斗溪山执行任务时被十九路军发现捕送伪县狱中受害。
147	郭节	男	安溪县魁斗镇佛仔格村	1906年	1929年	中共安南永临时县委委员	1932年4月24日	在魁斗佛仔格率众与陈凤远民团斗争中被捕送县城监狱，后被杀害。
148	柯棒	男	安溪县魁斗镇佛仔格村	1910年	1934年1月	红军闽南游击队第二支队队员	1935年3月	在永春县西向村执行任务时被伪民团包围战斗中牺牲。
149	郭宏炉	男	安溪县魁斗镇佛仔格村	1913年	1930年	芸溪区委工作人员	1933年5月	在魁斗佛仔格五厝坑开会被伪民团包围杀害。
150	林壁	男	安溪县魁斗镇凤山村	1911年	1932年	红军闽南游击队第二支队第二大队长	1934年3月26日	在永春县羊角村战斗中牺牲。
151	肖保（宝）林	男	安溪县魁斗镇凤山村	1905年	1933年9月12日	红军闽南游击队第二支队队员	1933年9月12日	在温泉"青云楼事件"中被捕牺牲。

续表

序号	姓名	性别	籍贯	出生年月	参加革命时间	职务	牺牲时间	牺牲地点及原因
152	陈水龙	男	安溪县魁斗镇凤山村	1916年	1932年4月	红军闽南游击队第二支队队员	1933年5月25日	围攻金谷源口山角尾战斗中负伤，秘密转移湖头郭埔地下交通员林亮家中治疗时被伪民团抓捕杀害。
153	林红城	男	安溪县魁斗镇凤山村	1914年	1931年2月	红军闽南游击队第二支队队员	1934年7月26日	在魁斗贞洋包围匪军战斗中牺牲。
154	林良	男	安溪县魁斗镇奇观村	1909年	1931年4月	安南永群团地下交通员	1935年1月	在家中被叛徒林玉中带伪中央军围捕押至伪县狱中受害。
155	陈火	男	安溪县魁斗镇奇观村	1905年12月	1930年	魁斗奇观乡农会会员	1933年10月	在奇观家中执行任务时被伪民团陈洪远发现包围因拒捕而牺牲。
156	陈冬棉	男	安溪县魁斗镇奇观村	1907年	1933年	苏维埃官彭区奇观乡农会主席	1935年6月26日	1935年6月11日被伪中央军逮捕，遭敌杀害于蓬莱案山。
157	林文顺	男	安溪县西坪镇西坪村	1922年	1949年4月	闽粤赣边纵八支队四团十二连班长	1949年9月1日	在西坪牛罩寨山执行任务时遭伪九十六军围捕牺牲。
158	林良男	男	安溪县西坪镇西坪村	1916年	1949年3月	闽粤赣边纵八支队四团十一连队员	1949年8月31日	在官桥赤岭大路与伪军作战中牺牲。
159	叶文霸	男	安溪县参内镇参山村	1921年	1940年10月	安溪、南安边区特派员	1943年	在城关祥云渡被伪警察局的检查哨检查时暴露身份，被捕后送三元县梅列集中营遇害。
160	黄金问	男	安溪县参内镇镇中村	1908年	1933年2月	南安金淘区通信员	1934年2月	战斗中负伤在南安县诗山牛卓岭治疗被伪民团陈维金发现捕至诗山活埋。
161	赵切	男	安溪县参内镇镇东村	1908年	1932年	红军闽南游击队第二支队队员	1933年5月	在永春县达埔乡检查岗哨时暴露身份被伪十九路军包围在战斗中牺牲。
162	王屋	男	安溪县参内镇镇东村	1907年	1946年	交通员	1947年3月	伪警察包围城厢镇抚乡乌石村时被群众王文貌出卖当场被捕押至镇抚许思埭杀害。

序号	姓名	性别	籍贯	出生年月	参加革命时间	职务	牺牲时间	牺牲地点及原因
163	黄明珠	男	安溪县参内镇镇东村	1903年	1932年3月	红军闽南游击队第二支队队员	1933年2月	配合游击队攻打镇抚乡岭顶村伪民团战斗中牺牲。
164	黄明忠	男	安溪县参内镇祜水村	1901年	1933年	参山赤卫队小队长	1934年5月	在城厢参内镇参山配合游击队围杀反动民团团长黄克昌未遂,不幸第二天在家被黄克昌围捕杀害于祜水。
165	黄则祖	男	安溪县参内镇祜水村	1903年	1933年9	南安县金淘区团委干部	1934月12月14日	配合游击队攻城厢镇抚乡时被民团杀害。
166	苏系	男	安溪县参内镇岩前村	1898年	1932年11月	罗内村农会主席	1935年2月	在罗内被坏分子朱贞带伪民团包围被捕押至岩前东清大路杀害。
167	李浪	男	安溪县参内镇洋乌内村	1896年7月	1932年11月	长泰农会主席	1935年2月	在罗内执行任务时伪民团围捕押至伪县监狱中受害。
168	朱丁	男	安溪县参内镇洋乌内村	1911年	1932年	安南永红旗报社工作人员	1934年9月	在参内镇马坑执行任务中被伪民团叶念明和黄克昌包围突围中牺牲。
169	王宾	男	安溪县长坑镇长坑村	1905年	1949年5月	安溪人民游击大队队员	1949年5月31日	在湖上飞新碑湖围剿伪保安二团战斗中牺牲。
170	王村生	男	安溪县长坑镇大坪村	1911年2月10日	1928年	晋南游击队政治部主任	1935年10月6日	在南安县三都娘子桥反围剿战斗中牺牲。
171	苏实	男	安溪县长坑镇衡阳村	1925年	1949年2月	闽粤赣边纵八支队四团十一连队员	1949年7月10日	在湖头湖四七寨山围剿伪保安二团战斗中牺牲。
172	苏抓生	男	安溪县长坑镇衡阳村	1918年10月	1949年2月	闽粤赣边纵八支队四团十一连队员	1949年7月10日	在湖头湖四七寨山围剿伪保安二团战斗中牺牲。
173	苏承全	男	安溪县长坑镇西溪村	1913年8月	1948年11月	闽粤赣边纵八支队四团先锋钢铁游击队队员	1949年10月28日	在科名与伪保安二团战斗中负重伤,同年10月28日因伤口复发死亡。
174	王万春	男	安溪县长坑镇南斗村	1931年	1949年	闽粤赣边纵八支队四团五营突击队队员	1949年8月8日	在解放漳平县城战斗中牺牲。
175	陈才德	男	安溪县长坑镇南斗村	1926年7月	1949年	闽粤赣边纵八支队四团十一连战士	1949年7月5日	与伪五军犯南斗战斗中牺牲。

续表

序号	姓名	性别	籍贯	出生年月	参加革命时间	职务	牺牲时间	牺牲地点及原因
176	苏顺田	男	安溪县长坑镇月眉村	1928年9月	1949年	闽粤赣边纵八支四团警卫连游击队员	1949年6月19日	在站岗时被伪保安二团便衣抓捕枪杀于湖头上西埔。
177	苏讲	男	安溪县长坑镇月眉村	1921年8月16日	1949年3月	闽粤赣边纵八支四团钢铁队队员	1949年8月7日	在科名与伪保安二团战斗中负重伤后牺牲。
178	朱山狗	男	安溪县尚卿乡中山村	1880年	1933年	红军闽南游击队第二支队交通员兼通信员	1934年4月	在尚卿中兴被伪联保主任黄加奕杀害。
179	朱定	男	安溪县尚卿乡中兴村	1908年	1932年	红军闽南游击队第二支队队员	1934年11月	在蓬莱芹山战斗中牺牲。
180	叶丙	男	安溪县尚卿乡中兴村	1883年	1932年3月	红军闽南游击队第二支队小队长	1932年10月15日	在尚卿招坑侦察伪民团活动情况时被伪民团发觉抓捕送安溪县杀害。
181	李有情	男	安溪县蓝田乡进德村	1922年8月	1949年3月	蓝田抗征队队员	1949年4月14日	在蓝田暗坑岭伏击县自卫大队战斗中牺牲。
182	李璋	男	安溪县蓝田乡进德村	1924年8月	1949年6月	闽粤赣边纵八支对四团十二连队员	1949年8月8日	在解放漳平县城战斗中牺牲。
183	林春喜	男	安溪县蓝田乡进德村	1913年9月18日	1948年12月	蓝田抗征队队员	1949年4月14日	在蓝田岭头暗坑伏击战中牺牲。
184	张摊	男	安溪县祥华乡小道村		1949年6月	闽粤赣边纵八支队四团十二连队员	1949年9月15日	在反攻漳平县城时牺牲。
185	陈渊业	男	祥华乡崎坑村		1949年6月	八支四团十二连战士	1949年10月5日	在解放华安县初坑战斗中牺牲。
186	詹膏鸟	男	安溪县祥华乡白坂村		1948年12月	闽粤赣边纵八支队四团警卫排三班战士	1949年7月	在解放漳平漳坂战斗中牺牲。
187	王宜忏	男	安溪县			解放军八十二支队二大队三中队战士	1948年11月	在济南战役中牺牲。
188	王福芝	男	安溪县			解放军战士		在贵州省镇远县解放战争中牺牲。

外地籍革命烈士名录

序号	姓名	性别	籍贯	出生年月	参加革命时间	职务	牺牲时间	牺牲地点及原因
1	李实	男	海南省万宁县	1910年		中共安溪中心县委书记	1933年9月17日	在温泉"青云楼事件"中被捕牺牲。
2	陈凤伍	男	海南省文昌县	1907年		红二支队政委	1933年9月17日	在温泉"青云楼事件"中被捕牺牲。
3	黄英	男	海南省	1908年		红二支队参谋长、代支队长	1934年5月25日	在攻打金谷芸美民团战斗中牺牲。
4	王天化	男	海南省				1935年春	在金谷河山牺牲。
5	黄祖	男	海南省文昌县			红二支队第一大队指导员	1935年3月30日	在南安高田战斗中牺牲。
6	冯业波	男	海南省万宁县			红二支队第二大队指导员	1935年4月	在蓬莱院宅林与敌战斗中牺牲。
7	麦竞贤	男	海南省琼山县	1911年		中共安溪中心县委干部	1935年5月	在金谷被捕，后被敌杀害。
8	符南平	男	海南省			县委印刷所主任、中共黄口区委委员	1935年6月29日	在金谷被县保安大队捕送南安诗山二十六旅旅部杀害。
9	老冯	男	海南省琼海县			中共安溪中心县委财政负责人	1935年9月	在魁斗坑尾林与敌战斗中，弹尽拒捕而尽忠。
10	黄福廷	男	广东省高要县	1908年	1932年冬	红二支队副支队长、第二大队长	1933年9月12日	在温泉"青云楼事件"中被捕，遭酷刑牺牲。
11	老胡(吴)	男	台湾省			留苏后上级党组织派安溪工作	1935年10月3日	在魁斗奇观被叛徒张剑峰杀害。

续表

序号	姓名	性别	籍贯	出生年月	参加革命时间	职务	牺牲时间	牺牲地点及原因
12	赵子明	男	广东省陆丰县			红二支队政治部主任	1936年春	被捕送漳州监禁，越狱未就被杀害。
13	丘九	男	广西防城县	1911年	1925年	中共厦门中心市委宣传部长	1933年4月14日	来安溪巡视时，于蓬莱新墘与民团战斗中牺牲。
14	唐光华	男	福建省上杭县	1910年		红二支队政治部宣传科长	1933年9月17日	在温泉"青云楼事件"中被捕牺牲。
15	沈玉泉	男	福建省长汀县	1910年	1929年3月	红二支队副支队长	1935年8月28日	率队在永春活动时被叛徒杀害。
16	陈庚申	男	晋江县安海镇	1930年	1948年冬	中共清溪区委委员	1949年5月	在安溪溪东乡收缴枪械时被反动乡长捕送伪保安二团，后杀害于蓬莱。
17	骆招全	男	福建省惠安县	1909年		红二支队小队长	1933年9月12日	在温泉"青云楼事件"中被捕，后绝食牺牲。
18	蔡振奎（家）	男	福建省龙海县	1900年	1928年	中共安溪中心县委常委、组织部长、湖头区工委书记	1933年8月3日	在金谷山门突围战斗中牺牲。
19	陈安福	男	福建省龙海县			中共芸溪区委组织委员	1935年6月29日	在金谷被县保安大队捕送南安诗山二十六旅部后杀害。
20	黄协荣	男	福建省龙海县	1929年	1948年3月	八支四团政工干部	1949年6月26日	伪保安二团进犯安溪县城时被俘杀害。
21	彭甘杏	男	福建省同安县	1908年	1931年	中共同安县委委员	1934年	在安溪游击区学习时被捕牺牲。
22	陈玉祥	男	福建省同安县	1913年	1932年	红二支队队员	1934年	在安溪与敌战斗中牺牲。

序号	姓名	性别	籍贯	出生年月	参加革命时间	职务	牺牲时间	牺牲地点及原因
23	郭礽兴	男	南安县蓬华乡	1907年	1931年3月	红二支队队员	1932年10月	在安溪后山战斗中牺牲。
24	叶添	男	南安县眉山乡	1911年	1932年9月	金淘区后备队队员	1933年12月	在安溪与敌战斗中牺牲。
25	郭礽靴	男	南安县蓬华乡	1912年	1931年5月	红二支队队员	1934年5月	在安溪与敌战斗中牺牲。
26	杨地棍	男	南安县诗山镇	1894年	1933年2月	红二支队队员	1934年7月	在安溪寮坑与敌战斗中牺牲。
27	叶俊书	男	南安县诗山镇	1911年11月	1932年7月	诗山区后备队指导员	1934年8月	在安溪魁斗坑尾桥为掩护队伍撤退而牺牲。
28	叶乌良	男	南安县诗山镇	1914年	1931年	交通员	1934年11月	送信给安溪中心县委途中被敌捕杀。
29	叶祖本	男	南安县金淘乡	1901年	1931年4月	金淘区后备队队员	1935年6月	在安溪参内与敌战斗中牺牲。
30	郭祀土	男	南安县蓬华乡	1912年	1933年	红二支队队员	1935年7月	在安溪作战中负重伤而牺牲。
31	洪金凤	男	南安县蓬华乡	1904年2月	1933年	蓬华蔎荇农会主席	1935年11月	在安溪青林格被匪杀害。
32	张尚守	男	南安县官桥镇	1912年	1931年	晋南游击队大队长	1936年3月23日	在安溪玉田与敌战斗中牺牲。
33	梁长智	男	南安县翔云乡	1930年	1946年	安南同边区游击大队队员	1949年5月5日	在安溪官桥白沙亭与刘智勇县自卫队遭遇战斗中牺牲。
34	王文璧	男	南安县翔云乡	1931年6月	1949年8月	安南同边区游击大队队员（三二五师起义人员）	1949年8月	在安溪官桥被伪保安二团杀害。

续表

序号	姓名	性别	籍贯	出生年月	参加革命时间	职务	牺牲时间	牺牲地点及原因
35	卓恒建	男	南安县翔云乡	1920年4月	1948年4月	安南同边区游击大队队员	1949年7月	在安溪龙门桂瑶与敌战斗中牺牲。
36	梁昆省	男	南安县翔云乡	1931年	1949年4月	安南同边区游击大队队员	1949年7月	在安溪龙门桂瑶与敌战斗中牺牲。
37	李明德	男	南安县石井镇	1920年5月	1949年8月		1949年8月	为解放军带路来安溪时被国民党杀害。
38	刘荫	男	永春县达埔乡	1907年4月	1930年	游击队队员	1930年12月	在安溪与敌战斗中牺牲。
39	潘整	男	永春县达埔乡	1911年4月	1930年	游击队队员	1930年冬	在安溪被捕牺牲。
40	李南金	男	永春县达埔乡	1907年2月	1929年	中共安南永临时县委书记	1932年4月24日	在安溪芸美被捕送安溪县城杀害。
41	潘儒偏	男	永春县达埔乡	1913年	1931年	红支二队队员	1932年6月	在安溪佛仔格与敌战斗中牺牲。
42	李永康	男	永春县东平乡	1908年4月	1927年	中共安溪中心县委宣传部长	1932年9月	在安溪元口因掩护群众而被捕牺牲。
43	潘印	男	永春县达埔乡		1931年	红二支队驳壳队队长	1932年冬	在安溪与敌战斗中牺牲。
44	汤潮	男	永春县达埔乡		1931年12月	红二支队队员	1932年	在安溪城关与敌战斗中被捕牺牲。
45	姚拥	男	永春县达埔乡	1913年	1932年	红二支队队员	1932年	在安溪彭格与敌战斗中牺牲。
46	李世全	男	永春县达埔乡	1908年11月	1930年	红二支队队长	1933年9月17日	在安溪温泉"青云楼事件"中被捕牺牲。

续表

序号	姓名	性别	籍贯	出生年月	参加革命时间	职务	牺牲时间	牺牲地点及原因
47	潘儒昆	男	永春县达埔乡	1916年	1933年2月	红二支队队员	1933年冬	在安溪与敌战斗中牺牲。
48	潘钟毓	男	永春县达埔乡	1915年9月	1930年12月	红二支队队员	1934年3月	在安溪元口与敌战斗中牺牲。
49	林绍桥	男	永春县达埔乡	1909年	1931年	红二支队干部	1934年5月	在安溪金谷深洋与敌战斗中牺牲。
50	吴德昂	男	永春县达埔乡	1912年11月	1931年6月	红二支队队员	1934年8月	在安溪彭圩与敌战斗中牺牲。
51	蒋文	女	永春县达埔乡	1915年6月	1932年9月	红二支队队员	1934年9月	在安溪东溪被民团捕杀。
52	林奕煎	男	永春县石鼓乡	1911年	1931年	红二支队队员	1934年	在安溪与敌战斗中牺牲。
53	林奕雨	男	永春县石鼓乡	1910年	1932年	红二支队队员	1934年	在安溪与敌战斗中牺牲。
54	蒋犁	男	永春县达埔乡	1914年6月	1932年	红二支队队员	1935年8月	在安溪与敌战斗中牺牲。
55	方孝猴	男	永春县坑仔口乡	1923年5月	1949年春	永春游击队队员	1949年7月	在安溪湖头被敌杀害。
56	颜礼纳	男	德化县三班乡	1901年	1932年10月	红二支队第三大队教练	1934年	在安溪蓬溪攻打民团战斗中牺牲。
57	李兴连	男				红二支队干部	1933年9月	在安溪温泉"青云楼事件"中被捕牺牲。
58	小马	男				中共安溪中心县委干部	1933年9月	在安溪温泉"青云楼事件"中被捕牺牲。

续表

序号	姓名	性别	籍贯	出生年月	参加革命时间	职务	牺牲时间	牺牲地点及原因
59	陈银	男		1912年		红二支队小队长	1933年9月	在安溪温泉"青云楼事件"中被捕牺牲。
60	张青山	男			1932年	红二支队队员	1934年7月26日	在魁斗贞洋攻打县保御团谢辑熙部战斗中牺牲。
61	朱鸿标	男	海南省			红二支队干部		在安溪牺牲。
62	洪金兰					红二支队干部		在安溪参内牺牲。
63	马鼎	男				红二支队干部		在安溪牺牲。
64	张海清	男				红二支队干部		在安溪牺牲。

后 记

　　中共安溪党史人物是中国共产党安溪历史的重要组成部分。《中共安溪党史人物（新民主主义革命时期）》，主要收录新民主主义革命时期在安溪活动和战斗过的重要党史人物，包括安溪党组织早期有影响的中共党员，党组织重要领导人，游击区、红军游击队的创始人，苏维埃政府主要领导人，著名烈士；抗日战争和解放战争时期安溪中共地方党组织及其领导的武装队伍中有较大影响的人物、革命烈士；对安溪有较大影响的党史人物。为了更全面反映历史，本书还附录了新民主主义革命时期中共安溪县委、中心县委的主要领导人，县苏维埃政府主席、副主席，以及烈士名录。

　　本书收入对象一律按姓氏笔画顺序排列。个别情况不明者记叙从简。文中人物的籍贯以现行政区划名称为准，其他事项涉及的地名以当时的历史名称为准，一般不再备注说明。

　　本书编撰中，参考了《安溪英烈》、《泉州英烈》、《中国共产党安溪历史》（第一卷）、《中共安溪地方史主要事件》等书籍，以及相关回忆录和新闻媒体报道。本书的编写，得到了泉州市委史志研究室的关心指导；县委办、县政府办、组织部、财政局等单位给予大力支持。在此对给予本书编写帮助和支持的单位和各级领导、同志表示感谢。

　　本书由安溪县委史志研究室主任谢柏坚任主编，副主任倪伏笙、许文婕任副主编，刘冬梅负责本书的编辑统筹。吴艺彤、郭月欣、汪秋惠、苏锦生、陈喜娟、许杭棋、邱煜塬、吴婉娣、苏鹏鹏、李锦腾、白彩凤、刘晓红、陈克振参与了本书的编辑。

　　本书力求客观公正、实事求是地介绍每位党史人物，但由于这些党史人物距今时间较长，遗存的相关材料较少，加上编撰时间短、编者水平有限，本书难免存在遗漏和不足之处，敬请广大读者批评指正。

编者

2023年6月